AGGIORNAMENTO

Michel Fontaine

© 2021, Michel Fontaine
Édition : BoD – Books on Demand,
12/14 rond-point des Champs-Élysées, 75008 Paris
Impression : BoD - Books on Demand,
Norderstedt, Allemagne
ISBN : 9782322381432
Dépôt légal : Octobre 2021

CHAP 1

Vendredi 8 Novembre 15h15

Le temps est froid aujourd'hui sur Paris et chacun marche en fermant soigneusement toutes les issues où le vent pourrait s'engouffrer. La place de la Madeleine reste pourtant aussi active qu'à l'habitude en cette veille de jour férié.

Je sors du métro après un rendez-vous dans l'est parisien et je manque de percuter un cycliste qui a choisi le trottoir afin d'éviter le feu tricolore…Depuis que la municipalité a autorisé les cyclistes à prendre les sens interdits, les 2 roues empruntent les trottoirs sans se gêner… Y compris ceux à moteur !

Un motard de la police actionne son klaxon avec autorité afin d'annoncer une voiture officielle et je me plais à rêver qu'il serait peut-être plus utile à la collectivité à sanctionner le cycliste d'il y a quelques minutes ou le chien (ou plutôt le maitre) qui s'apprête à laisser un « gros mot » le long de la boutique Hédiard en réfection.

Tout fout le camp lorsque l'autorité n'est plus respectée. La comparaison avec New York qui a vécu une reprise en mains spectaculaire (zéro tolérance) et où j'ai vécu quelques années me plonge toujours dans un état proche de la dépression…Quand quelqu'un se décidera-t-il dans notre beau pays à remettre le minimum de discipline qui a disparu depuis trop longtemps ?

Un regard à droite, un à gauche et je m'engage sur le passage piéton. Les voitures s'arrêtent et je traverse rapidement. Au moment de toucher l'autre trottoir, un afflux de touristes d'extrême orient m'oblige à ralentir et à même à reculer d'un pas. Un choc aussi soudain qu'inattendu m'envoie sur les fesses au milieu de la chaussée.

Mon ordinateur a volé à trois pas et je me redresse sur un coude complètement sonné.

>   - Ca va aller Monsieur ? me demande une dame

>   - Vous pouvez marcher ? ajoute un jeune qui m'aide à me relever.

Je m'époussette un peu groggy en essayant de comprendre ce qui s'est passé. Une grosse berline est arrêtée une vingtaine de mètres plus loin dans la rue à sens unique. La portière conducteur est entrouverte mais elle se referme avant même d'être complètement ouverte et la voiture d'éloigne rapidement. Un petit attroupement s'est formé autour de moi. Je bouge mes membres faisant probablement inconsciemment l'inventaire de la situation. Je me sens engourdi sur la hanche droite et plutôt flageolant sur mes jambes mais globalement ç'est moins pire que quelques instant plus tôt.

La dame du début insiste lourdement en me conseillant d'aller chez le médecin. Je ramasse ma serviette et fait quelques pas sur le trottoir en me massant le côté.

>   - Il aurait pu s'arrêter quand même ! ajoute-t-elle

>   - Une voiture officielle en plus ! Dis un autre

>   - C'est un peu de ma faute rétorquais-je car j'ai reculé au dernier moment.

>   - Un piéton est toujours prioritaire insiste la dame, vous étiez sur le passage clouté et il devait attendre que la voie soit libre pour passer. Il doit être maitre de son véhicule dit le code de la route.

- J'ai photographié le véhicule et sa plaque me dit un jeune barbu emmitouflé jusqu'aux yeux dans un cache col. Donnez-moi votre 06 et je vous envoie la photo en sms. Je lui donne une carte où figure mon numéro.

L'attroupement s'est réduit et je remercie pour leur aide les quelques-uns qui sont restés. A la réflexion, mon médecin étant à deux pas, je décide d'aller le voir.

xxxxxxxxxxxx

- C'est une sorte de « béquille » sur le haut de la cuisse dit le médecin après m'avoir examiné. Rien de cassé, le reste est OK. L'hématome sera résorbé d'ici 15j. Prenez du paracétamol ce soir et demain pour la douleur mais je ne vous donne rien de plus.

Un peu remonté par tout ce que j'ai entendu après ma chute, je décide finalement d'aller au commissariat du 8ème. Après tout, c'est vrai que le conducteur de la voiture est fautif et qu'il aurait dû garder la maitrise de son véhicule. Même s'il a été surpris.

J'attends patiemment mon tour et j'explique enfin à la préposée mon problème. Elle appelle un officier qui me fait rentrer dans un bureau grand comme un placard. Je relate à l'officier Declercq (son nom est marqué sur le bureau) les faits.

- Vous voulez faire quoi au juste ? me demande-t-il. Un dépôt de plainte ou une main courante ?

- Aucune idée répondis-je. Je souhaiterais juste que l'on rappelle au conducteur ses devoirs. Il aurait quand même pu s'arrêter et venir voir ce qu'il en était. Même si au total je n'ai pas grand-chose.

C'est une question de principe. Vous en pensez quoi vous ?

- Vous êtes sûr que c'est une voiture officielle ?

- C'est ce que l'on m'a dit et effectivement j'ai le souvenir d'avoir vu un motard de la police qui lui ouvrait la route l'instant d'avant mais je ne suis sûr de rien.

- Police ou gendarmerie ?

- Je ne sais pas.

L'officier prend mon téléphone et regarde le sms. Il note le numéro de la plaque tout à fait lisible. Il remplit ensuite sous ma dictée un formulaire de main courante afin de décrire l'ensemble des évènements. Je signe la feuille après édition et je me lève.

- Je vous rappelle après le week-end me dit-il en me reconduisant derrière le comptoir.

CHAP 2

Mardi 20 Novembre 9h30

Deux semaines se sont écoulées et je n'ai pas eu de nouvelles du commissariat. Le « coup » sur le haut de ma cuisse droite est quasiment résorbé. J'ai quand même eu beaucoup plus de douleurs que ce que le médecin m'avait prédit. C'est vrai qu'à plus de soixante ans, la récupération est moins immédiate ! J'appelle et la préposée me dit que l'officier Declercq qui m'avait reçu est en dehors du bureau.

Même réponse le lendemain alors que j'avais pris la précaution d'appeler juste après l'ouverture.

Le jour suivant, je décide d'aller voir sur place rue de Lisbonne. Je découvre que « mon » officier est là, occupé au téléphone. Nouvelle attente mais ayant compris que j'attendrais le temps qu'il faut pour le voir, il finit par me faire entrer dans son bureau. Je le regarde sans parler et il en fait de même les mains croisées sur son sous mains !

Après un moment, j'attaque :

- Vous avez pu trouver le propriétaire du véhicule ?

- Oui

- Et ?

- Qui prouve que c'est ce véhicule qui vous a renversé ?

- Mais, …, j'ai la photo !

- La photo était-elle bien celle du véhicule qui vous a renversé ?

Je regarde attentivement mon interlocuteur. Manifestement, il a changé d'attitude depuis la dernière fois. Je suis devenu l'accusé !

- Quand on accuse, il faut prouver ce que l'on dit ajoute-t-il

- Mais il y avait des témoins rétorquais-je.

- Vous avez leurs noms ?

- Non, mais j'ai le numéro de téléphone de celui qui m'a envoyé le sms.

- Vous n'avez donc pas de témoin. Ce type a pu vous envoyer une photo qu'il avait prise ailleurs.

- Mais non, j'ai ce témoin qui a bien pris la photo sur place. Je vais l'appeler et …

Je me retiens d'exploser sous l'atteinte d'une mauvaise foi aussi évidente car il me dévisage avec un petit sourire.

- Calmez-vous, je me fais juste l'avocat du diable ajoute-t-il. Pour aller vraiment plus loin, il faudrait un dossier plus solide. Un avocat probablement aussi. Un témoignage en bonne et due forme de votre photographe, un certificat médical détaillé de ce que vous avez subi… enfin, un vrai dossier quoi.

Vous avez déposé une main courante ce qui était le bon choix et en théorie, le procureur pourrait décider une action mais dans ce cas précis, je doute qu'il le fasse.

- Vous voulez dire que parce que c'est une voiture « officielle », elle est intouchable ?

- C'est vous qui le dites répond Declercq. Je dis simplement que votre main courante existe et que si vous décidez d'aller plus loin, il vous faudra un dossier plus étayé.

- Vous ne pouvez pas m'en dire plus sur la voiture ?

- Non, désolé.

- Et si j'envoie l'histoire au Canard Enchainé ou à Médiapart ?

- C'est votre choix.

L'officier reste silencieux. Je comprends qu'il m'a donné toutes les informations qu'il pouvait. Je salue mon interlocuteur et retourne à l'air libre. Naïvement, je n'ai évidemment pas pensé aux témoins ni au certificat médical.

La phrase de Jean de la Fontaine « selon que vous serez puissant ou misérable… » me trotte dans la tête. Rien de bien nouveau sous le soleil depuis le Roi du même nom !

C'est une situation très frustrante où je me heurte à une pesanteur tout à fait malsaine. J'aurais été tapé par un quelconque quidam, celui-ci serait déjà aux prises avec la police. Là, c'est « Circulez, rien à voir » comme aurait dit Coluche…

Dans la foulée, j'appelle le médecin qui m'a examiné et je laisse un message à sa secrétaire. J'envoie aussi un sms à mon « photographe » ….

xxxxxxxxxxx

En trois jours, j'ai constitué un vrai dossier avec un certificat médical, un témoignage écrit de mon témoin, une copie de la photo prise de la voiture, une copie de la main courante, mon propre témoignage avec notamment les échanges avec l'officier Declercq.

Que faire de ce dossier ?

J'avoue que mon indignation initiale s'est très largement émoussée avec le temps. J'ai bien d'autres projets en cours que de poursuivre des chimères…Et dépenser de l'argent avec un avocat pour un simple rappel à l'ordre du conducteur au civisme.

Après réflexion et me souvenant des bonnes pratiques de la propriété industrielle que j'ai si souvent utilisées pendant ma vie « active », je m'envoie à moi-même le dossier complet sous pli recommandé avec accusé de réception.

Le pli non ouvert avec les imprimés de la Poste justifiant de la date terminera dans le coffre familial à la banque et je passe à autre chose…

CHAP 3

Jeudi 31 Décembre 19h00

Le Président était d'humeur morose en ce jeudi après-midi 31 décembre. Ses vœux étaient enregistrés depuis un moment mais lui-même ne croyait plus vraiment à ce qu'il allait dire aux français.

Des vœux sérieux, pleins d'une volonté de réussir réaffirmée avaient dit les conseillers réunis autour de lui dans la salle des fêtes de L'Elysée. Des promesses, toujours des promesses diraient ses détracteurs de tous bords. Y compris dans sa majorité, tout du moins dans ce qu'il en restait. Avec un indice de confiance qui fleuretait dangereusement avec les 20%, il était le Président le moins « légitime » depuis des décennies….

Que pouvait-il dire d'autre ?

La France vivait à crédit depuis plusieurs décennies (plutôt pas trop mal d'ailleurs par rapport à beaucoup de ses voisins) et aucun dirigeant n'avait eu vraiment le courage d'y remédier, comptant toujours sur une éventuelle embellie de la croissance pour effacer l'ardoise. La crise n'avait fait qu'amplifier les choses et il mesurait maintenant l'équation impossible de son prédécesseur. Las, les rendez-vous difficiles arrivaient et les indicateurs passaient les uns après les autres à l'orange puis au rouge… Et comme beaucoup, il avait cru que l'après crise verrait enfin arriver une croissance vigoureuse en Europe et surtout en France, croissance qui permettrait de balayer tout ce qui était accumulé sous les tapis depuis des années…

Le Président fixait au travers de la fenêtre de son bureau un oiseau frigorifié perché sur une branche dénudée attendant tranquillement la fin de l'averse pour se remettre à chercher de quoi manger. Il était un peu comme cet oiseau, attendant avec une sérénité de façade que le beau temps revienne. Sauf que ses plumes à lui n'étaient plus tout à fait étanches aux critiques et que les experts n'espéraient pas d'éclaircie avant longtemps. Il appuya sur le bouton le mettant en communication avec son secrétariat :

> - Dites à Alex de venir me voir et après vous pourrez filer préparer votre réveillon.

Le « Château » s'était petit à petit vidé de ses travailleurs, ne laissant sur place que la permanence des dimanches et jours de fêtes. Le Président n'avait jamais aimé l'arrivée de la nuit, une angoisse ancestrale que des psychologues pouvaient sans doute expliquer en remontant aux hommes des cavernes… Un échange avec Alex serait du meilleur effet sur son moral.

Alex était un vrai antidote à la morosité. Il avait des idées (et des bonnes !) sur tout. Un type étonnant, inclassable. Il l'avait rencontré un soir lors d'un diner à l'occasion du Festival de Cannes il y avait près de 15 ans maintenant. Il avait été immédiatement séduit par le personnage et ils s'étaient ensuite revus régulièrement sur Paris, ne manquant jamais de parler de la vie publique, leur passion commune. Alex avait une très grande qualité d'écoute mêlée, et ce n'était pas courant, à une créativité exceptionnelle. Capable après 2 heures de réunion (où il n'ouvrait pas la bouche) de venir expliquer quel chemin prendre pour mettre tout le monde d'accord.

Le Président l'avait embauché officiellement 11 ans auparavant comme assistant de communication mais dans la réalité, c'était son « gourou », celui qui savait tout de lui, vraiment tout, le seul.

Alex avait travaillé avec succès sur les différentes épreuves qu'il avait eu à surmonter : la nécessaire et très délicate « pacification » à l'intérieur de son parti, la constitution de réseaux solides notamment avec les journalistes, les primaires « ouvertes » à tous, la campagne présidentielle, le dernier « tête à tête » décisif avec le sortant.

> – Alex était parti mais il sera là d'ici un quart d'heure. Bon réveillon Monsieur le Président et à demain

Le Président regarda sa montre, il avait encore une bonne heure avant de rejoindre deux de ses enfants qui avaient décidé de « l'égayer » pour ce passage à la nouvelle année après une nième aventure « sentimentale » qui avait pris brutalement fin quelques jours avant. Et puis de toute façon, ils l'attendraient.

Après dix-neuf mois de mandat, sa popularité ne cessait de tomber mais les derniers rendez-vous qu'il avait eus avec différents chefs d'entreprises lui laissaient espérer une embellie pour le premier trimestre, juste à point pour les élections locales qui pointaient le bout de leur nez en mars. Sa raison lui disait de ne pas trop y croire mais c'était un incorrigible optimiste et tel un noyé qui se raccroche au premier morceau de bois qu'il trouve, il espérait tout de même que cela arrive enfin…

CHAP 4

Jeudi 31 Décembre 20h15

- Bonsoir Président

- Salut Alex

Comme à l'habitude, Alex s'assit et attendit tranquillement la ou les questions à venir. Sans que le Président lui ait demandé quoi que ce soit, il avait un dossier à la main qu'il posa sur un coin du bureau

- Tu as vu mes vœux ?

- Oui bien sûr, ils sont parfaits compte tenu des circonstances.

Après cette entrée en matière convenue et ce compliment qu'il savait sincère, le Président décida de se projeter un peu dans l'avenir afin d'échapper à cette atmosphère étouffante :

- A ton avis, comment cela va-t-il se terminer ?

-…..

- Je veux dire dans deux ans et demi.

Alex le regarda intensément pendant quelques instants. Cela faisait plusieurs semaines qu'ils n'avaient pas eu de rendez-vous « privé » comme ce soir, le Président étant monté au créneau plus qu'il n'aurait voulu sur de multiples dossiers en cette fin d'année sans compter les voyages incessants en Europe et Afrique et même auprès des forces spéciales qui traquaient sans fin les terroristes djihadistes.

– Cela dépend de votre objectif.

Alex n'avait jamais pu tutoyer le Président. Cela arrangeait bien les deux car ainsi Alex ne paraissait pas avoir de passe-droit vis-à-vis des autres collaborateurs de l'Elysée. Chacun le voyait comme un sous fifre probablement là parce que le Président honorait une dette envers quelqu'un ou plus probablement quelqu'une !

En réalité Alex était un homme de l'ombre, jamais autant à l'aise qu'en tête à tête mais il perdait à peu près la totalité de ses moyens face à un nombreux public. Il était strictement inconnu des médias et comptait bien le rester.

- Si vous voulez être réélu, c'est une chose. Si vous voulez laisser un nom dans l'histoire, c'est autre chose.

- Développe un peu.

- Je vais commencer par la deuxième proposition, laisser un nom dans l'histoire. Ce n'est pas impossible encore d'y parvenir mais cela va demander « du sang et des larmes » comme disaient Clémenceau et ensuite Churchill. Bien évidemment, il faut alors oublier toute idée de réélection car les bénéfices des réformes à décider seront encaissés plus tard, bien plus tard, probablement par le successeur ou peut-être même par celui d'après. C'est une règle qui ne souffre aucune exception.

Comme le maire qui emmerde tout le monde pendant des années avec les travaux pour un nouveau tramway ou un nouveau pont et qui voit son opposant l'inaugurer après une cuisante défaite aux élections.

- N'est-il pas un peu tard pour s'y mettre maintenant ?

- Tard mais pas infaisable. Deux ans et demi, cela permet beaucoup de choses si on les veut vraiment. Vous avez la majorité partout, dans les deux chambres et dans la plupart des collectivités territoriales. Enfin pour l'instant car cela risque de « saigner » l'année prochaine.

- Et la première proposition, …, qui me donnerait cinq ans de plus pour vraiment agir ?

Le Président ajouta la deuxième partie de phrase tout en sachant que ni lui ni Alex n'étaient dupes. Ce dernier lui adressa un sourire de connivence

- Je pense que la réélection est tout à fait possible mais cela va être sportif !!!

- Tu penses donc comme moi que l'année va bien démarrer ?

- Je n'y crois pas une seule minute. Les gens vous mentent, au minimum par omission mais souvent par manque de courage.

Le « syndrome pharaonique » vous vous souvenez ?

Je vous en ai déjà parlé : cela combine à parts égales la lâcheté et le souhait de faire plaisir. Un mélange détonnant pour tout dirigeant. Une approche perdante si l'on n'y fait pas attention. Je pense que j'écrierai un essai sur ce thème un jour…

Le syndrome pharaonique était le dada d'Alex. Dans l'Egypte ancienne les proches du pharaon ne lui donnaient que les informations « heureuses », positives, valorisantes. Très courageusement, ils laissaient aux hasards de la vie le soin d'amener les mauvaises nouvelles.

Toutes les provinces remontaient que la récolte de blé serait mauvaise, ils attendaient pourtant des semaines et une pluie diluvienne pendant plusieurs jours pour commencer à l'évoquer devant le souverain…La pluie avait bon dos !

Il faut dire que de tous temps, le porteur de mauvaises nouvelles auprès du pouvoir était rarement récompensé. Ne dit-on pas qu'en Grèce, le premier marathonien y laissa la vie, faute d'avoir apporté la (mauvaise) nouvelle d'une défaite ?

Passionné d'histoire, Alex avait soigneusement collectionné les exemples où les rois, empereurs et autres dirigeants de pays avaient été petit à petit coupés de la réalité de la vie de leurs concitoyens, cette réalité étant par définition rarement toujours « rose ».

Les exceptions étaient très rares, Clémenceau, Churchill, De Gaulle ? Même Napoléon pourtant très proche de ses troupes car ayant passé la moitié du temps dans un bivouac sur le front des armées n'était plus complètement connecté à la réalité au moment des 100 jours.

D'ailleurs, de façon sincère ou non, beaucoup de dirigeants arrivant au pouvoir affirment qu'ils resteront à l'écoute du terrain. Que c'est une préoccupation essentielle…

Mais le « système » est implacable et faute d'avoir un esprit suffisamment solide et lucide et surtout des vrais amis qui osent dire ce qu'ils pensent, les murs des palais nationaux deviennent de moins en moins perméables à la réalité…

Alex étudiait actuellement les organisations « business » de la société civile et pour la première fois, il avait eu la surprise de voir que sur ce sujet précis, les ressorts sont identiques à ceux de la fonction publique. Le patron d'une multinationale doit absolument garder des connexions avec le terrain sous peine de ne voir que ce que l'on veut lui faire voir.

Les voyages officiels des dirigeants dans leurs filiales étrangères sont, de ce point de vue, caricaturaux. Les quatre magasins visités avant les réunions de l'après-midi ont été soigneusement sélectionnés et « embellis » depuis des semaines de façon à faire plaisir au « Boss ». Rien n'est spontané. Le PDG d'un grand groupe est atteint plus ou moins rapidement par ce syndrome pharaonique, sauf là encore à être exceptionnel et bien organisé pour « casser » les murs dorés dans lesquels on tente de l'enfermer.

> - Je connais déjà un peu ta théorie mais là tu en rajoutes, non ?

> - Je reviens d'une tournée d'une quinzaine de jours en Limousin …

Le Président le regarda avec étonnement, soudain très attentif. Il n'avait pas vraiment fait attention à son absence ces derniers temps.

> - Je me suis fait passer pour un représentant en produits bio et j'ai écumé deux départements dont tous les édiles et beaucoup d'électeurs sont dans votre majorité... Ou tout du moins l'étaient massivement au moment de votre élection.

Alex laissa quelques secondes passer afin de bien fixer l'attention de son interlocuteur. Il saisit son dossier et pris le premier feuillet.

> - Catastrophique

> Catastrophique et cela peut se résumer en deux mots : déception et incompréhension. Le gouvernement n'est absolument plus crédible et la plupart des ministres sont déconsidérés. Il y a

unanimité sur les critiques. Les élections municipales vont être une sanction terrible…

- Mais…. Tous les préfets disent que nous devrions limiter la casse….

Un silence pesant s'installa dans le bureau. Le Président n'avait plus besoin qu'Alex aille plus loin dans le dialogue pour comprendre ce qu'il était en train de lui révéler. Il avait fait régulièrement pour son service ce type d'immersion dans la France profonde, « la France d'en bas » formule qu'avait trouvé avec un certain à-propos un ancien Premier Ministre. Tour à tour écrivain cherchant l'isolement pendant deux semaines dans un chef-lieu de canton, demandeur d'emploi en banlieue, créateur de sites internet en recherche de clients, il avait inlassablement interviewé à leur insu les citoyens de base.

Le Président tira à lui le dossier qui comprenait trois pages de synthèse et le lut attentivement

- Malgré cela tu vois une victoire possible pour un deuxième quinquennat ?

- Oui bien sûr. Sportif comme je l'ai déjà dit mais j'ai quelques idées …

Le Président étouffa un bâillement et consulta sa montre. Il avait faim. Il constata avec déplaisir qu'il était déjà en retard pour le réveillon.

- Tu serais prêt à m'en parler demain matin au petit-déjeuner ?

- Sans problème.

- OK, merci Alex et passe une bonne soirée.

- Bon réveillon et à demain matin Président.

CHAP 5

Vendredi 1er Janvier 9h15

– D'abord et c'est une évidence, il faut que le Premier Ministre actuel joue à plein son rôle de fusible afin de payer immédiatement la note dès les résultats publiés. Les plus fins analystes continueront de dire que vous êtes le principal responsable mais comme à l'habitude, la meute ira à la curée et passera des heures à rappeler les fautes, le manque de cohésion, l'amateurisme du gouvernement sortant. Les exemples ne manqueront pas…

Ils listeront ainsi les multiples raisons qui expliquent la mauvaise humeur des français. Et bien sûr ils spéculeront à l'infini sur le « qui » et sur le « comment » du nouveau gouvernement. Un exercice que nous savons très bien gérer.

Alex se resservit un café. Il était lancé et sauf incompréhension ou complément, il fallait le laisser dérouler un raisonnement qu'il avait dû peaufiner déjà plusieurs fois dans sa tête.

- Tu n'attendrais pas les élections qui suivent quatre mois plus tard ?

- Impossible car le niveau d'incompréhension est trop grand et ajouter l'Europe sur le reste serait fatal. En fait le vrai problème est surtout cette incompréhension. A force d'entendre dire par chaque camp dans l'opposition que sans les fautes du camp au pouvoir, ce serait facile à gérer, les français ont fini par le croire.

Vous avez été un maitre cher Président dans l'art de laisser penser que ce serait chose facile…Et que la situation antérieure était avant tout la faute de votre prédécesseur.

Qu'il suffisait de prendre les bonnes décisions….

Ils vous ont cru à 200 %. Vous avez été trop bon. Trop persuasif. Les électeurs se doutaient pourtant qu'une partie des promesses ne serait pas tenue. Comme d'habitude. Mais là, il n'y en a aucune !

Quel que soit votre objectif, il faut arrêter l'hémorragie au plus vite ajouta Alex car même vos troupes les plus fidèles commencent à douter. Il faut donc expliquer et surtout parler vrai. Et si possible, convaincre.

Le président regarda Alex d'un œil suspicieux. Le décalage entre la démonstration d'Alex et toutes les sources d'information qui remontaient par les circuits officiels et qui lui prédisaient une éclaircie était vraiment grand.

Alex était-il encore dans le coup avec son réalisme fortement teinté de pessimisme ? Cette question lui fit un peu de peine. Après toutes ces années de service sans aucune ride, il faudra peut-être penser à le remplacer songea-t-il.

Il décida néanmoins d'aller au bout de l'échange. Alex ne pouvait pas avoir perdu toutes ses qualités d'un seul coup.

- Qui vois-tu à Matignon ?

- Le même que vous Président. François Bizot. Le seul qui à terme peut vous « challenger » pour l'élection présidentielle prochaine. Il faut lui mettre dès maintenant « le nez dedans » et il lui sera difficile voire impossible de refuser. De toute façon, il en a trop envie et même si cela doit hypothéquer à court terme ses chances, il sait que la vie politique est longue. Connaissant son caractère, il va se donner à fond et si cela ne fonctionne pas, il prendra tout sur lui. Un bien meilleur fusible que votre actuel Premier Ministre…

Le Président n'avait pas suivi son conseiller lors de la désignation de son premier gouvernement et après coup, il devait bien admettre qu'il n'avait pas été inspiré. Son choix avait été dicté par la facilité : mettre à Matignon un fidèle numéro 2. La fidélité avait été sans problème au rendez-vous, mais le reste…

C'était sa spécialité au Président, écouter tout le monde et prendre une décision solitaire, parfois à l'étonnement de tous. Et Alex n'échappait pas à la règle même si globalement il était beaucoup plus écouté que tous les autres.

- Ton analyse n'a rien d'extraordinaire. Tu m'as dit hier soir que tu avais une idée ?

- Vous allez demander au nouveau Premier Ministre de constituer une équipe resserrée, c'est l'habitude dans cette situation de « combat ». Vous allez également lui demander de créer un nouveau ministère : le ministère des CITOYENS.

- Un ministère des citoyens ?

Le Président fronça le sourcil redevenant soudainement très attentif.

- Vous avez lu Pennac, bien sûr. Remettez-vous en tête le job de Malaussene dans le premier livre : responsable du bureau des réclamations. Il passait son temps à en prendre plein la tête à la place des autres. De la part des clients et ensuite aussi de ses propres collègues. A son insu bien sûr. Un parfait bouc émissaire. Cela permettait au magasin de très bien fonctionner car les clients finissaient par prendre la défense de Malaussene. Tout se jouant sur le registre de l'émotion.

Les citoyens sont aujourd'hui dans leur grande majorité contre la politique. Comme ils ne peuvent le manifester devant les caméras tous les jours, ils le font avec les urnes. Ou plutôt en boudant les urnes.

Pour donner un exemple précis, le taux de participation aux législatives s'élevait à 83% en 1978 ce qui était le signe d'une démocratie mature. Ce taux est descendu petit à petit jusqu'à à 57% en 2012 !!!

Bien sûr, l'élection présidentielle présente encore des bons taux à cause de son extrême médiatisation mais c'est l'arbre qui cache la forêt. Si l'on admet que le parlement est le cœur de notre démocratie, celle-ci est malade. Et j'oublie toutes les autres élections où la barre des 50% est toujours un vrai challenge à atteindre.

- Tu penses vraiment que ce ministère va changer les choses ?

- Oui, complètement car cela va donner aux citoyens le moyen de s'exprimer sans critiquer sans cesse le reste de l'équipe. Idéalement, il faudrait plutôt y mettre un ministre d'ouverture mais je doute qu'aucun de vos adversaires politiques du moment ne soient assez idiots pour accepter. Il faudra donc y mettre quelqu'un de la société civile. Avec officiellement un objectif ambitieux de réduction de l'abstention. En fait, on se fiche des résultats immédiats chiffrés. Ce qui compte c'est que les citoyens puissent « évacuer » leur bile dans un canal prévu à cet effet.

- Inattendue mais géniale ton idée. Et tu crois que cela va suffire ?

- Non cela ne suffira pas mais c'est une « brique » essentielle pour changer complètement la donne. Les citoyens pourront alors s'exprimer, se défouler. Et cela vous dédouanera en grande partie si ce n'est complètement car aujourd'hui les citoyens mettent à votre passif leur propre abstention et toutes leurs émotions négatives...

Matérialisons le problème, donnons-lui un visage et cela sera le début de sa solution. C'est comme cela que les entreprises du secteur privé opèrent. Au lieu de cacher un problème qui serait alors très difficile voire impossible à régler, on le met au milieu de la place, bien en vue.

Vous voulez qu'une poubelle soit propre, ne la mettez pas dans un réduit obscur mal ventilé et mal éclairé. Mettez là au milieu de la cour bien en évidence...

Ensuite bien sûr, j'ai un scénario tout prêt. En premier, il faut faire un bon casting pour ce ministère.

- Et tu vas le trouver où cet oiseau rare ?

- J'ai pensé à la solution suivante, il y a dans la société civile de frais retraités....

- M le Président, désolé de vous interrompre mais le chef d'état-major des armées vous réclame en extrême urgence, intervient la secrétaire.

- Extrême urgence, c'est au moins Andorre qui nous attaque ! Ironisa Alex

-Alex ! …

Je le prends dans une seconde.

- Bon, Alex, on se revoit vite, avance sur ton projet et trouve-nous quelqu'un. L'idée de ce ministère est sans aucun doute géniale…mais tu gardes cela pour toi pour l'instant. Continue à murir le projet. Je te fais signe.

Au moment de quitter la pièce, Alex se retourna sous le regard courroucé de l'assistante qui attendait sa sortie pour transférer l'appel.

- J'avais oublié, bonne année Président.

CHAP 6

Dimanche 29 Mars 22h45

La catastrophe était consommée et le changement de premier ministre inéluctable. Le Président feuilleta à nouveau la synthèse que son équipe lui avait préparée. Incroyable. Jusqu'au dernier moment, il avait cru tous ceux qui lui prédisaient un relatif statu quo. Même l'opposition semblait étonnée de l'ampleur de leur victoire. Il congédia la garde rapprochée dédiée aux élections qui était dans son bureau et appela Alex, le seul qui, à la réflexion, l'ait vraiment alerté à l'avance sur les résultats à attendre.

- Bonsoir Président.

- Bonsoir Alex, tu as travaillé sur ton idée de ministère des citoyens ? lui demanda d'un ton bourru le Président

Alex compris instantanément que sa traversée du désert était finie. Le président l'avait évité soigneusement depuis 3 mois, pensant sans doute qu'il avait exagéré dans son analyse « limousine ». Il avait fallu la déroute électorale pour qu'il ouvre enfin les yeux.

Le syndrome pharaonique dans toute sa splendeur.

- Tout est prêt Président.

- Prépare-moi un dossier complet sur ce ministère. Le pourquoi de cette création et la communication que je ferai au premier conseil des ministres de la nouvelle équipe entre autres.

- Tout est là, dedans, répondit Alex en lui tendant un mince dossier.

- Parfait, alors reste ici le temps que j'appelle l'infanterie.

Quelques minutes plus tard, Xavier arrivait dans le bureau présidentiel. Il avait comme tous ceux du château la mine grise des mauvais jours. La fatigue, très compréhensible après des jours et des jours interminables de travail, lui donnait l'air d'un zombie.

– J'ai décidé de frapper fort dès demain matin. Changement de premier ministre avec quinze ministres pas plus. Je vais appeler François Bizot dès que nous aurons terminé ensemble. Nous verrons cela en détail demain matin à la réunion de débriefing déjà programmée.

Je voulais simplement vous prévenir dès ce soir de ma décision de créer un nouveau ministère, un Ministère des Citoyens.

Xavier regarda Alex comme s'il avait mal entendu. Puis il se tourna vers son patron avec un étonnement complet.

– Je n'ai pas le temps ce soir de développer mais je le ferai demain pour l'ensemble de l'équipe. Il est évident qu'il faut remettre les citoyens au cœur de notre démocratie et ce ministère fait partie de la solution. J'avais anticipé en demandant il y a quelques semaines un travail de réflexion à Alex ici présent.

Il lui tendit le dossier qu'il n'avait même pas pris la peine d'ouvrir. Alex sourit intérieurement. Une fois de plus, son analyse avait été la bonne et le président faisait amende honorable en reprenant son idée à son compte. Trois mois de perdus mais est ce que parfois il ne vaut mieux pas parfois aller au bout des choses pour convaincre… ?

> – Xavier, c'est toi qui depuis 2 ans fait la liaison avec Matignon pour la liste des titres et des nommés. Je compte sur toi pour que cette création soit un succès. Vois avec Alex pour les détails. Bonsoir à tous les deux

Le président les laissa dans son bureau sans rien ajouter et demanda qu'on lui passe sur son mobile son futur premier ministre. Ensuite, il se hâterait de retrouver sa dernière conquête qui l'espéra-t-il lui ferait oublier pour quelques heures les dures épreuves de sa charge…

Alex pris un grand moment pour expliquer à Xavier la logique du nouveau ministère… Et les trois candidats potentiels déjà choisis (avalisés par le Président comme il se doit) pour pourvoir à ce ministère…Sans lui dévoiler comment il les avait trouvés. Après un début marqué par l'incompréhension, Xavier adhéra complètement au projet.

CHAP 7

Lundi 30 Mars 20h30

- Allo M. Villeneuve ?

La voix me plait d'emblée, posée, sûre d'elle-même. Une voix d'homme qui ne sent pas les plateformes « off-shore » habituelles où les grésillements et échos divers le disputent aux phrases ânonnées qui nous donnent envie de raccrocher immédiatement.

- Oui

- M. Jacques Villeneuve ?

- Oui, lui-même. Que voulez-vous me vendre aujourd'hui ?

Je suis d'humeur taquine et pour tout dire joyeuse ce soir après un golf plutôt réussi sous un soleil printanier avec ma bande habituelle. Un verre à la main, je suis en train de prendre l'apéritif et j'attends sans impatience la suite qui va m'expliquer comment payer moins d'impôts où comment gagner un tour du monde avec la personne de mon choix...

- Un job

- Quoi ?

- Je peux vous voir rapidement ?

La voix est soudain plus sérieuse, tendue même et en dépit du fait que nous sommes bientôt le 1er avril, je sens inconsciemment que ce n'est pas une plaisanterie.

- Qui êtes-vous ?

- Mon nom ne vous dira rien mais je vous expliquerai en détail demain matin. Je viendrai vous chercher à 8h devant chez vous.

Et il raccroche !

Je reste comme un idiot avec le téléphone dans la main.

- C'était qui ? me demande Michèle qui revient de la cuisine.

Je lui raconte l'échange et après diverses supputations, nous concluons provisoirement qu'il s'agit d'un poisson d'avril.

xxxxxxxxxxxx

- C'était sur le fixe où sur ton mobile ?

- Le mobile, un numéro caché donc quelqu'un que je ne connais pas et qui n'est pas enregistré en mémoire. Mais quelqu'un de bien renseigné.

Cela fait onze mois tout juste que selon la formule consacrée j'ai pris ma retraite et ce ne serait pas la première fois qu'un cabinet de chasseurs de têtes m'appellerait, soi-disant pour que je les aide à trouver quelqu'un, en réalité pour savoir si je suis prêt à repartir au feu.

Non, « no way ». Pas question d'utiliser mon expérience contre mon ancien Groupe. Si j'avais voulu continuer, je pouvais le faire chez le n°1 alors je ne vais pas redémarrer chez un concurrent !

Sauf bien sûr si le challenge entre en résonance avec un de mes rêves inassouvis, une expérience au Japon ou aux USA qui m'amène à voyager par exemple. Et encore, pas sûr.

Par principe, je suis curieux et j'ai toujours écouté avec attention toute proposition, cela me permettant de mesurer ma valeur sur le marché. Je ne suis plus « sur le marché » mais cela vaut tout de même la peine de voir. Juste pour le plaisir.

> – A la réflexion, c'est probablement un chasseur de tête. De toute façon, je dois passer signer des papiers demain matin au bureau et cela ne me coûte rien de voir avant de partir si quelqu'un se pointe à 8h.

Mon « bureau » est en fait l'animation bénévole d'une association interprofessionnelle. Une instance de réflexion, un « think tank » selon la terminologie anglo-saxonne. Cela me permet de rester intellectuellement occupé et j'y passe en général une journée par semaine, le reste du temps étant dédié à des réunions, des conférences parfois et quelques trop rares déjeuners et déplacements à mon goût.

CHAP 8

Mardi 3l Mars 7h55

8h moins 5. Du haut de mon balcon je vois une grosse berline noire garée en face de chez moi avec un homme en costume gris foncé qui fait les cents pas le téléphone vissé à l'oreille. C'était donc bien sérieux. Non seulement « ils » connaissent mon téléphone, mais je réalise seulement à ce moment qu'ils ont également mon adresse. Ils me connaissent donc très bien...

Je suis habillé décontracté « chic » comme mon épouse m'a appris à le faire. Jeans, chaussures raisonnablement cirées, chemise blanche et veste décontractée. Avec une cravate Hermès du meilleur effet. J'observe un moment mon « rendez-vous » au travers de la porte d'entrée. La bonne quarantaine, costume classique voire triste. Allez, au charbon !

Je sors, arrive près de la voiture et je me dirige vers le « costume »

> \- Xavier Charvat, Directeur adjoint du cabinet à L'Elysée.

Je reste sans voix, « scotché » comme dirait mon petit-fils. C'est quoi cette histoire ? Qu'est-ce que L'Elysée a à faire d'un sexagénaire qui de près ou de loin n'a jamais fait de politique...Et qui honnêtement n'a pas spécialement voté pour le Président en place. Un Président qui juste après des élections calamiteuses vient de nommer un nouveau Premier Ministre, François Bizot.

> \- Le Premier Ministre souhaite vous voir.

- Vous pouvez m'en dire un peu plus ?

Je reste debout sans bouger à côté de la voiture et j'ai dû me raidir un peu physiquement et durcir la voix car mon interlocuteur se fend d'un premier sourire qui se veut rassurant :

- Le Premier Ministre veut vous voir et je ne suis pas autorisé à vous en dire plus. Ce n'est pas une plaisanterie et vous serez revenu d'ici deux heures chez vous.

Nous montons derrière et le chauffeur démarre doucement. Malesherbes, Place de la Concorde, la circulation dans Paris à cette heure est encore assez fluide et en quinze minutes, nous sommes arrivés près de Matignon. J'ai compris que mon interlocuteur ne répondra à aucune de mes questions et nous gardons le silence pendant le court trajet.

Je suis allé une fois à Matignon il y a plus de 20 ans pour une réunion « informelle » autour d'un déjeuner entre le premier ministre et une vingtaine de patrons du CAC 40. J'étais délégué par mon patron (en voyage) lui-même chargé de représenter le Président de notre Groupe. Je me retrouvais à l'époque sans aucun doute le plus petit niveau hiérarchique présent autour de la table et quand bien même le sujet m'était familier – l'environnement et le développement durable - j'étais sagement resté muet auprès de la seule connaissance que j'avais repérée, mon équivalent plus âgé dans un très grand groupe d'alimentaire. Je n'étais pas du tout à l'aise et le souvenir que j'en avais n'était pas glorieux. J'avais ressenti sans doute à tort une atmosphère de danger et je n'étais pas intervenu. Clairement, j'avais été « impressionné » par ce monde politique complètement inconnu où les codes et les valeurs sont tellement différents de ceux du « business ». Ce souvenir défile rapidement dans ma tête au moment de descendre de voiture et je me jure intérieurement de ne pas succomber à nouveau au même sentiment.

- Vous êtes bien sûr de ne pas faire erreur sur la personne dis-je à mon sbire en sortant du véhicule

- Non, c'est bon, vous êtes conforme à votre photo répond Xavier

Xavier connait tout le monde et nous passons au large des contrôles de sécurité. Après la cour et le perron, nous allons dans une petite pièce bien éclairée donnant sur le très majestueux parc intérieur. Le temps est clément pour ce début avril et le printemps met un peu de baume sur l'humeur ambiante plutôt maussade. Un parc « bonne humeur » en somme qui détonne complètement avec le ton des informations post-élections.

Il faut dire que le pouvoir en place vient de prendre une « raclée » en perdant la moitié des villes qu'ils détenaient. Un résultat au final assez conforme aux élections de mi-mandat qui en général tentent de rééquilibrer les choses après le blanc-seing généralement donné à l'occasion de la présidentielle.

Entrée d'un homme pressé qui arbore un large sourire. Costume bleu marine, chemise bleu clair avec une cravate à rayures banale. Sourire qui se termine rapidement quand il remarque mes jeans. Un mauvais point peut-être ? Il faut dire à ma décharge que je ne savais pas qui j'allais rencontrer !

- Bonjour M. Villeneuve, François Bizot vous prie de l'excuser. Il est débordé à cause de tous les contacts pour le nouveau gouvernement qui doit être annoncé ce soir. C'est donc moi qui vais vous recevoir.

Il ne se présente pas comme si probablement la terre entière devait le connaitre. Je l'examine avec attention sans sourire tout en me demandant encore ce que je fais là. Son look ressemble à celui de Xavier. Ils doivent avoir un « dress code » dans la haute administration, costume sombre bleu marine ou gris, chemise bleu clair et cravate ton sur ton. Que veut il me « vendre » à la fin ? Je me pince à nouveau pour me dire que je ne rêve pas. Mais en même temps, je reste assez détaché et le stress rampant de l'arrivée dans la cour s'est estompé petit à petit. Je n'ai absolument aucun enjeu et apparemment ils ont besoin de moi ! Pourquoi faire ? Mystère complet.

> - Philippe, François t'attend pour l'Outre-Mer.

Le dénommé Philippe fait un signe à celle (son assistance sans doute) qui a passé la tête dans la porte.

> - Cinq minutes.

Le décor est donc planté, un individu qui se prénomme Philippe que je ne connais pas va m'accorder cinq minutes pour me proposer un job dont j'ignore tout et on peut même imaginer qu'il va utiliser cette orgie de temps pour essayer de me convaincre….

Surréaliste !

Je suis dans une BD délirante où dans un tableau de Klimt, au choix.

> - J'ai deux questions pour vous qui appellent des réponses précises et honnêtes. Il me fixe avec attention.

Précises et honnêtes ! Ce ne doit pas être de la politique.

Peut-être veulent-ils un conseiller technique dans ma spécialité (je suis un des meilleurs en Europe et mes chevilles vont bien merci). Mais cette spécialité est bien loin de la politique et de ses calculs qui ne font plus rêver personne. Pourquoi aujourd'hui et si vite alors que le Premier Ministre a à peine deux jours au compteur et que la grande fourmilière médiatico-politique s'agite dans tous les sens pour produire la liste des heureux (?) ministres élus, ou plutôt nommés

> \- Est-ce que vous votez ?

Retour sur terre. Je comprends au sérieux de mon interlocuteur que c'est la première question. Une question de chauffe pour me mettre en confiance sans doute. Je décide de jouer le jeu.

> \- Je vote très régulièrement et tout aussi régulièrement je fais le dépouillement comme lors de la toute dernière élection. En plus de quarante ans je n'ai raté que quelques rares scrutins pour vacances ou voyages professionnels. Je me souviens d'ailleurs en mai 81, j'étais au Mexique et j'avais donné pouvoir à ma...

Il me coupe sèchement avec un TRES BIEN sonore

> \- Quelle est votre couleur politique ?

Nous y voilà. Après l'apéritif, le plat de résistance... Après quelques secondes de réflexion je me lance :

> \- Je n'ai jamais été « encarté » ni même sympathisant d'aucun parti. Et aucun politicien des trente dernières années ne m'a fait rêver au point d'en devenir le partisan.

Après un bref silence, je comprends que cette fois ma réponse est trop courte

> \- S'il vous faut un positionnement plus précis, je suis plutôt centre gauche quand la droite est au pouvoir et centre droit dans l'autre sens. (Je suis normand d'origine ce qui est probablement marqué

sur la fiche qu'il consulte négligemment et je l'assume !). Je n'ai jamais été attiré par les extrêmes.

- Et la politique actuelle ?

Tiens, cela fait une troisième question, un bonus quoi !

- Vous m'avez demandé d'être précis et honnête et je vais l'être : sur le fond, je n'ai pas de commentaire particulier et je crois, j'espère tout du moins, que les équipes en place cherchent à faire au mieux, peut-être trop souvent pour se faire réélire d'ailleurs plutôt que pour le bien du pays.... Ils m'ont paru toutefois souvent manquer de courage et surtout de professionnalisme...

Mais plus que tout, c'est la forme qui est absolument insupportable (j'insiste lourdement) Toujours expliquer que c'est la faute de l'autre camp, ne pas accepter une idée que l'on a proposée avant d'être au pouvoir sous prétexte que c'est l'autre camp qui la propose maintenant ? Faire sans cesse la morale aux citoyens qui pourtant ne sont pas si bêtes que cela.

La preuve que cela ne marche plus : l'abstention qui grimpe en flèche et la confiance envers la classe politique qui n'a jamais été aussi faible.

J'ajoute pour nuancer mon propos qui m'apparait soudain un peu fort vis-à-vis d'un homme représentant la classe politique au pouvoir :

- Ce que je dis est aussi vrai d'ailleurs pour la droite que pour la gauche.

Léger sourire de Philippe.

- La gauche étant quand même spécialiste des cours de morale bien-pensante à deux balles ! (Au cas où il n'aurait pas bien compris)

Là, je n'ai pas pu m'en empêcher mais il avait dit précis et honnête…Et puis cette interrogation orale commence un peu à m'agacer…

- PAAAAARFAIT. Et merci.

Philippe me tend la main et s'apprête à partir. Il a l'air satisfait de l'échange ce qui n'est pas franchement mon cas. Je me redresse et l'apostrophe :

- C'est quoi la suite ? Dis-je rapidement avant qu'il ne franchisse la porte.

- Xavier vous tiendra au courant. On garde le contact. Merci encore.

Xavier n'ajoute rien et m'entraine hors du bureau. Il me donne son numéro de portable et me reconduit dans la cour.

- Merci encore de votre disponibilité. Je vous rappelle.

Je rentre seul dans la voiture avec le chauffeur. Le retour est plus long que l'aller mais je ne vois rien, perdu que je suis dans mes pensées. Au bout d'un moment, je me trouve carrément nul. Je me suis fait « balader » par ces deux quadras sans rien y comprendre. Pour quelqu'un dont la réputation est de prendre du recul sur les évènements et d'évaluer globalement les situations les plus complexes, c'est réussi. Je n'ai même pas le plus petit commencement de compréhension. Pourquoi n'ai-je pas exigé une explication ? Je me suis livré comme un bon soldat à leurs questions. Je les imagine en train de se tordre de rire. Une caméra cachée réussie. Je me suis

« couché » au premier coup de sifflet. Oh le bon chienchien !

Étais-je impressionné par les ors de la République ? Sans doute un peu. J'ai surtout été étonné et à dire vrai déstabilisé par cette situation complètement imprévue, par le décalage entre ce que j'imaginais à propos d'un chasseur de tête et ce rendez-vous improbable avec un conseiller politique du Premier Ministre.

Rentré à la maison, je débriefe avec ma chère épouse qui est aussi étonnée que moi. Je décide de réfléchir froidement à ce qui vient de m'arriver. Quelques mots et flèches sur un papier plus tard, j'y vois un peu plus clair :

Il est absolument improbable que je sois embarqué dans un canular car je suis médiatiquement inconnu et donc absolument pas « banquable » comme on dit dans le monde « branché »

Quel peut être l'intérêt de ces hommes politiques ?

1. Cette demande arrive juste au moment de la constitution du nouveau gouvernement donc c'est forcément lié car le Premier Ministre et ses conseillers y consacrent 24h sur 24 et n'ont pas de temps pour autre chose

2. Je n'ai aucun lien d'aucune sorte avec le monde politique, ni de près, ni de loin … donc il doit y avoir un besoin « technique » quelque part dans un cabinet mais je n'imagine absolument pas lequel. Mes talents professionnels concernent la recherche et la création de produits de grande consommation et je vois mal quel ministère pourrait m'utiliser….

Je me plais à rêver. Les Affaires Etrangères peut-être ? Mon appétit jamais inassouvi pour les voyages ressurgit soudain. Depuis ma plus tendre enfance j'ai toujours aimé les voyages : il y a 50 ans, le globe était mon terrain de jeu. Je connaissais à peu près par cœur l'ensemble des pays de cette époque, leur capitale, leur monnaie, leur géographie et leur histoire. Le français n'était pourtant pas ma matière de prédilection mais j'ai le souvenir ému d'une rédaction qui m'avait valu un 15 ou 16 sur 20 et une citation du professeur devant toute la classe. Le sujet ? Raconter le voyage de vos rêves. Déjà.

Donc résumons, c'est sans doute lié au nouveau gouvernement mais je n'ai aucune légitimité professionnelle ni politique pour être dans les équipes qui vont se constituer autour des ministres. Avec pour exception cette petite flamme qui me verrait très bien expliquer l'innovation et l'excellence industrielle française chez nos grands pays partenaires... Un rêve bien sûr, mais ce sont les rêves qui font avancer.

En plus, à part cette folie des voyages, il faudrait que j'aie envie du poste proposé, ce qui n'est pas évident à la lumière de mes deux contacts du matin. Une vraie bouteille à l'encre qui excite toutefois grandement ma curiosité.

Michèle me tend un café et me dit très justement :

> - Arrête donc de te faire des nœuds au cerveau. S'ils te rappellent, cela va s'éclaircir. Et si cela ne te convient pas, ils ne vont pas te forcer tout de même.

Très juste. Rien à redire à cette analyse féminine pleine de bon sens

> - Je te rappelle que nous allons voir Monet au musée cet après midi.

- OK, tu as raison. Je file au bureau et on se retrouve après le déjeuner

CHAP 9

Mercredi 1ᵉʳ avril 20h00

En temps normal, j'aurais consulté d'un œil distrait la composition du gouvernement dans les journaux du lendemain. Plus pour voir la composition que les ministres eux-mêmes. Et lu avec la distance nécessaire les commentaires « avertis » de la sphère médiatique qui telles les pythies nous expliquent l'alpha et l'oméga de ce que va apporter cette nouvelle équipe au gouvernement de la France.

La, exceptionnellement, nous sommes devant la télé dans l'attente de la liste des ministres que le secrétaire général de l'Elysée va nous dévoiler.

20h10, début du direct

« Sur proposition du Premier Ministre M. François Bizot, le Président de la République vient de nommer les ministres suivants : … »

Suit l'énumération des titres et des heureux élus qui apparaissent comme il se doit par ordre protocolaire. Pas de grande surprise par rapport aux prévisions des journalistes probablement bien informés par le pouvoir en place afin de tester à l'avance certains noms.

20h18 « Et enfin, Ministre des Citoyens, M. Jacques Villeneuve »

Le secrétaire général replie son papier et ajoute que M. Villeneuve appartient à la société civile ; en décodé, il n'appartient pas au monde politique.

Nous nous regardons Michèle et moi avec la même incompréhension dans les yeux. C'est quoi ce cirque ?

Les commentateurs y vont immédiatement de leurs analyses en se focalisant immédiatement sur ce dernier ministère. Pas vraiment sur le titulaire du poste car on leur a clairement dit qu'il est inconnu au bataillon des élus et politiques pour lesquelles leurs fiches sont toutes prêtes. Non, c'est le titre et donc le contenu de ce ministère nouveau qui suscite des interrogations.

Les citoyens seraient donc devenus une « minorité visible » qu'il faut protéger ! Comme à une époque le ministère des droits de la femme ! Quelle cruelle découverte !!!

Les invités politiques présents sur le plateau sont manifestement surpris, sans que pour autant cela empêche leurs commentaires. Les tenants du pouvoir expliquent qu'il était temps que les citoyens soient placés au cœur des préoccupations du gouvernement (sic) et ils se félicitent donc de cette nouveauté très pertinente, les autres stigmatisent la poudre aux yeux jetée aux électeurs par un pouvoir toujours plus cynique... Le train-train a donc très vite repris ses droits. La nature « politique » ayant plus que tout autre horreur du vide ! Tous s'accordent toutefois sur le fait qu'ils ne connaissent pas ce Jacques Villeneuve ....

Une anomalie pour ce gouvernement, il y a 9 hommes (y compris le Premier Ministre) et sept femmes. L'opposition fait immédiatement des gorges chaudes. La sacro-sainte parité est foulée aux pieds....

Au moment où je vais dire à mon épouse que des Jacques Villeneuve, il y en a des centaines, un texto me parvient

- « Félicitations-Xavier »

Je m'accroche à mon téléphone

- « Vous ne trouvez pas qu'il est temps de m'en dire plus ? JV »

- « RV avec FB demain matin 7h à Matignon »

J'appelle Xavier sur le numéro qu'il m'a laissé car je n'apprécie pas du tout cette nouvelle convocation pour le moins cavalière

- J'en ai ma claque de vos manipulations. Je ne comprends pas ce que vous me voulez et surtout ce que vous voulez faire

Silence de mon interlocuteur

- Et si je refuse, vous faites quoi maintenant ?

J'entends Xavier laisser échapper un petit rire

- Ce ne serait pas la première fois qu'un ministre désigné démissionnerait au bout de quelques jours…Il y a un record à battre ! J'aurais préféré que cela se passe différemment mais c'est comme cela. Cela s'est fait dans l'urgence. Prévenez-nous si vous changez d'avis.

Il raccroche et je reste sans voix.

Un premier double appel pendant mon court échange avec Xavier me fait craindre une avalanche de coups de fil d'amis et de relations (de la famille aussi). Comme je ne sais pas encore vraiment où je vais, je ferme mon portable et débranche le fixe.

CHAP 10

Mercredi 1er Avril 21h00

La soirée se passe en « comité » familial. Mes enfants sont présents, l'un physiquement, le garçon, accompagné par son épouse, l'autre, ma fille via Skype car en déplacement professionnel en Allemagne. Le moins que l'on puisse dire est que ça chauffe entre nous :

– Il y a deux ans, tu nous avais brossé un portrait très réaliste de ce qui allait se passer et malheureusement, tu avais raison ! démarre mon fils. Tu ne vas pas maintenant monter dans une galère qui nous fait honte et qui coule inexorablement tous les jours. Encore dernièrement, tu nous montrais preuves à l'appui qu'il n'y avait aucune exception à leur façon débile de travailler et de communiquer : l'annonce de (micro)réformes un jour et à une marche arrière totale ou partielle dans la semaine qui suivait au gré des pressions des lobbys de toutes sortes. Tu nous as appris à être consistants dans notre vie personnelle, responsables, c'est le moment de le faire également pour toi !

Mon fils est vraiment remonté. Ce n'est rien de le dire !

– En plus, nous pouvons maintenant profiter de la vie et de nos petits-enfants et tu vas tout gâcher avec cette aventure. Te remettre sur dos des contraintes alors que tu disais encore récemment vouloir les fuir ajoute ma femme.

L'IPad qui nous relie à ma fille est pour l'instant resté muet et je prends donc la parole

> – Vous avez raison tous les deux mais je ne considère pas cette « aventure » de la même façon que vous. J'ai toujours eu le désir de faire des choses, et notamment pour le « bien public » et je vois cette opportunité un peu comme le gros lot à la loterie. Je vous assure que je ne vais pas renier mes convictions et changer radicalement de vie mais un gros lot ne se refuse pas. Et puis honnêtement, le rythme de la retraite est tellement loin de celui d'avant….

> – Est-ce que cette aventure potentielle t'amuse ? me demande ma fille

> – Honnêtement oui, je l'espère tout du moins. Au minimum j'entrevois une expérience intéressante.

> – Si cela ne t'amuse pas, il faut dire non tout de suite ajoute-t-elle. Les arguments pour et contre sont tous recevables mais après avoir réussi dans ta vie précédente, la seule chose que tu ne peux pas te permettre, c'est de t'emmerder !

Je trouve l'angle pris par ma fille plutôt pertinent. J'ai eu mon comptant de stress et d'épreuves de toutes sortes pendant mes 40 ans de vie active et cette nouvelle expérience devra se vivre uniquement si elle se fait avec d'autres repères, d'autres indicateurs, d'autres joies surtout.

> – OK, je fais le serment devant vous de prendre cette expérience sans stress particulier et d'arrêter immédiatement dès que la balance penchera du mauvais côté.

Nous continuons les échanges sur un mode plus apaisé. Chacun s'accorde sur le caractère extraordinaire au sens propre du mot de la situation. Se dégage aussi très rapidement le fait qu'une carrière de ministre est un contrat à durée déterminée souvent très limitée et qu'une acceptation n'entraine pas un investissement ni trop long dans le temps, ni de nature à perturber ma future activité de retraité. Cela s'arrêtera vite et le retour à la situation antérieure sera facile.

De mon côté, reprendre le collier quelques mois pour une mission totalement nouvelle est plutôt excitant. Même si je sous-estime probablement grandement les difficultés à venir... Je pourrais sans doute faire un livre dont j'imagine en un éclair le titre : « un citoyen normal ! ». Cette paraphrase du président « normal » que nous avons actuellement me fait sourire intérieurement.

L'exposition médiatique est la seule vraie difficulté identifiée par tous les membres de la famille car nous sommes loin des feux de la rampe et il va falloir s'adapter à une sollicitation d'autant plus grande que mon nom et ce que je peux éventuellement apporter sont une parfaite inconnue pour le grand public.

Nous décidons un « embargo » sur le reste de la famille et les amis en attendant les tous prochains rendez-vous.

Jeudi 2 Avril 4h30

Je n'arrive pas à dormir. Je me croyais solide, imperméable aux aléas de la vie. Après 40 ans de lutte souvent victorieuse contre le stress et une expérience très riche des situations difficiles, je suis terriblement perturbé.

Quelle histoire ?

Et pourquoi moi ? Cette question du pourquoi moi, elle me taraude à un point insupportable. Je ne vois absolument pas qui aurait pu me « sponsoriser ». Est-ce vraiment un cadeau d'ailleurs ? Pourquoi mon nom est-il sorti du chapeau ?

Par ailleurs, découvrir l'exécutif de la France à un haut niveau me fait complètement rêver !

Génial, quelle chance ! Passionné d'histoire, j'imagine d'un seul coup pouvoir y laisser un nom par mon action.

Je passe dans ma tête par des hauts et des bas incessants. Un « train de la mine » qui ne s'arrêterait jamais. La chanson d'Aznavour « je m'voyais déjà » me trotte en boucle dans la tête comme un avertissement : et si j'allais me fracasser dans le mur avec cette aventure ?

De plus, ai-je vraiment les épaules pour un tel job ? Sur le fond, j'imagine assez bien l'objectif assigné à ce ministre : faire en sorte que les citoyens retrouvent le chemin des urnes avec envie. Si possible bien sûr pour voter « bien » c'est-à-dire voter pour ceux qui les ramènent aux urnes. Est-ce vraiment l'objectif ? N'y a-t-il pas autre chose ?

Mais sur le comment, j'ai juste un millier de questions sur le fonctionnement d'un ministère, les moyens alloués, les relations avec les autres ministres et le Président, l'équipe, les relations avec les médias…. Tout un monde à découvrir - ce qui en soit est très excitant - mais avec un besoin de résultats que j'imagine immédiat.

Une équation impossible en somme. Je mets en perspective les différentes questions que je poserai le lendemain et j'essaie de m'endormir en les listant avec application.

Réveil à 5h au moment où je viens enfin de m'endormir. Cette fois, je sacrifie au costume classique laissant à ma seule cravate le soin de mettre un peu de fantaisie.

Sur le chemin du métro qui va m'emmener vers Matignon, j'ouvre enfin mon téléphone : 26 appels en absence, 17 ont laissé une question sur la messagerie…. 31 sms, certains en double avec le téléphone…. La plupart ont simplement demandé si j'avais à voir avec ce Villeneuve. Comme quoi la politique intéresse bien les français même si beaucoup s'en défendent…

Je suis obligé de sourire en regardant mes compagnons de route du petit matin. A moitié endormis encore pour la plupart. Feuilletant distraitement le gratuit du matin qu'ils viennent de prendre à l'entrée d'une station. Regardant la liste officielle des ministres, des gens d'un autre monde qu'ils ne verront qu'à la télévision… Des gens trop loin d'eux pour bien les comprendre… et qu'eux-mêmes ne comprennent pas d'ailleurs.

Cette « discontinuité » entre le citoyen de base et ses représentants n'est pas une nouveauté. « La démocratie est le pire de tous les régimes, à l'exclusion de tous les autres », c'est bien connu ! Merci Monsieur W. Churchill !

La politique au fil du temps est devenue un travail comme un autre…Comme un autre mais sur une planète bien particulière. On devient politicien comme on devient architecte, ou boulanger. Et comme il faut tenir toute une vie de travail….

Les « politiques » se soucient donc d'abord de leur avenir personnel avant de penser réellement à ceux qu'ils représentent, quand ils y pensent encore. D'une certaine façon, on peut les comprendre.

Napoléon avait choisi au début de son règne de prendre à ses côtés des ministres déjà très riches, déjà « parvenus », espérant par-là qu'ils le serviraient sans arrière-pensée. C'est d'ailleurs au moment où il s'en est séparé que les choses ont commencé à être dures pour lui. Simple hasard ?

Je souris également car la dernière fois que mes voisins du petit matin ont vu un ministre dans le métro, ils ne s'en souviennent pas ! Mais le suis-je vraiment ministre à ce moment ? Que me diraient-ils si je m'avisais de leur expliquer que je suis ministre. Ils chercheraient probablement la caméra cachée…sans croire une seconde à la réalité de mes paroles.

La solitude dans le métro aidant à la réflexion, je m'aperçois que malgré les alertes de mon fils, je ne me suis pas vraiment soucié de l'aspect « engagement politique » de la situation. Ce qui est probablement une erreur car participer à cette aventure (même très temporaire) cela signifie de facto s'engager dans une équipe !!!

Je n'ai pas voté pour ce Président et, pas un instant, je n'ai pensé à refuser.

Le miroir aux alouettes !

Pourtant, il faudra bien que je me plie à une discipline gouvernementale, jusqu'à un certain point en tous cas.

C'est le « jusqu'à un certain point » qui va être amusant à vivre. Ils ont pris plus de risques que moi au fond en me nommant car si cela échoue, l'opinion publique ne pourra que les blâmer d'avoir pris quelqu'un d'atypique.

Une bonne surprise m'attend au portail de Matignon, Philippe « je ne sais pas qui » est là malgré l'heure très matinale et me prend en charge immédiatement. Nous passons les contrôles encore vides de tout visiteur et allons dans l'antichambre du Premier Ministre. Deuxième bonne surprise, je suis reçu à l'heure prévue :

- Bonjour, content de vous connaitre me dit le Premier Ministre, asseyez vous

- Pourquoi moi ? Dis-je sans préambule.

Cette première question instinctive m'a échappé et au final elle est assez ridicule. J'y ai pensé pendant des heures à ce premier contact, j'ai imaginé un million d'entrées en matière et je peux juste accoucher de deux mots, même pas une phrase construite. Le Premier Ministre me regarde attentivement. Il dégage de lui un charisme certain et il semble ne pas s'embarrasser de détours. Il plisse les yeux en évaluant la situation.

- Je ne vous dirai pas pourquoi car je n'en sais fichtre rien et je pensais d'ailleurs vous poser la même question. Ne me dites pas que vous ne connaissez pas le Président ?

- Inconnu.

Je continue à faire fort ! Un seul mot ! Le Premier Ministre se tourne vers Philippe et lui demande d'aller nous chercher des cafés et quelques viennoiseries. Personne n'est dupe, il souhaite continuer en tête à tête.

Aussitôt seuls, nos échanges restent courtois mais plutôt vifs et précis. Après un moment et pour autant qu'il me dise la vérité (?) nous constatons que nous sommes dans la même situation : nous ne savons rien.

Le Premier Ministre avait peur d'une nième « taupe » présidentielle. Il m'apprend que l'Elysée lui a envoyé trois candidats (1 femme et 2 hommes) qu'il n'a pas eu envie de voir car ne voulant pas endosser un choix dicté par le « château ». Philippe son Directeur de Cabinet et Xavier ont donné leur avis et le choix lui a été communiqué sept minutes avant que le Secrétaire Général ne dévoile la liste. Je suis flatté tout de même dans mon for intérieur d'avoir passé avec succès le « cut » final...même si cet examen a été fait par des gens que je ne tiens pas a priori en haute estime.

Il m'apprend également qu'il approuve totalement le choix présidentiel de créer ce ministère particulier car le décalage entre la classe politique et le citoyen de base n'a jamais été aussi grand.

   – C'est une brillantissime idée ajoute-t-il

Toutefois, il aurait plutôt vu un « politique » prendre le poste. Il ne comprend pas mais n'a pas eu le choix.

Je lui assure que je ferai le maximum, jusqu'au point où mes convictions seront éventuellement heurtées par une langue de bois insupportable. Il me dit de rester moi-même et de foncer. Une feuille de route « officielle » nous sera d'ailleurs donnée le lendemain lors du premier conseil des ministres

Philippe revient avec un plateau bien garni

   – Bien, Merci Philippe. Peut-être est-il temps de donner quelques règles à notre ami Jacques : chaque membre de l'équipe tutoie les autres, moi, y compris. Je suis disponible à n'importe quel moment mais le téléphone doit se contenter de fixer les rendez-vous, pas de parler du fond des choses. Je tiendrai dans la mesure du possible une réunion interministérielle toutes les veilles de Conseil.

Pour le reste, Philippe va te présenter ton directeur de cabinet et ton bureau ici à Matignon car ce nouveau ministère n'a pas encore d'administration propre. Et pour cause !

L'entretien a été « carré », comme j'aime. Le Premier Ministre ne s'embarrasse pas de faux semblants sur ses relations avec le Président. Deux autorités sous le même toit amène systématiquement du tirage entre tous ceux qui sont en dessous, que ce soit en politique ou ailleurs. Deux coqs dans le même poulailler ! Mais la constitution de la France est ainsi faite et il faut faire avec.

CHAP 12

Jeudi 2 Avril 9h00

> – Qu'avez-vous fait de si terrible pour atterrir au dernier ministère de la liste ?

Ma question se voulait légère et drôle mais cela tombe complètement à plat. Mon Directeur de Cabinet est une Directrice et elle avait manifestement imaginé une autre entrée en matière. Je me présente et elle m'explique ensuite son parcours, ENA puis divers postes de conseillers avant d'être Directrice Adjointe du cabinet du ministère des transports pendant deux ans. Elle s'appelle Corinne Delage et m'apprend qu'elle a un garçon de dix ans.

Elle m'explique que le nombre de conseillers ne pourra pas excéder huit sans compter elle-même et une assistante qu'elle a déjà choisie. Et me demande si je souhaite participer au choix des conseillers ? Bien sûr que je vais y jeter un œil et aujourd'hui même car pour l'instant je n'ai rien d'autre à faire et surtout, je ne sais pas quoi faire ! Elle a d'ailleurs pris l'initiative de faire venir quatre candidats potentiels.

> - Suis-je obligé de les prendre tous ?

> - Aucune obligation mais c'est le cabinet du Premier Ministre qui les envoie avec une très chaude recommandation. Il serait donc difficile de dire non à tous

Pour avoir embauché beaucoup de gens dans ma carrière, ma religion est faite : il faut que le candidat retenu ait bien sûr le minimum « syndical » requis pour démarrer rapidement dans le poste - par exemple parler couramment anglais s'il doit avoir à faire avec cette langue tous les jours - mais ensuite au-delà de ces prérequis, un simple tirage au sort est aussi efficace qu'une analyse longue et précise des réponses durant les entretiens. Entretiens qui sont d'ailleurs de mieux en mieux préparés par les postulants. Là aussi la langue de bois a commencé à bien s'épanouir.

Les collaborateurs se révèlent beaucoup plus ensuite en fonction des évènements qu'ils ont à gérer et ils se développent aussi en fonction du terrain que nous sommes prêts à leur offrir. Comme le poisson qui grandi quand le bocal grandi ! J'ai vu des sociétés faire faire à des candidats une quinzaine d'entretiens seuls ou avec plusieurs personnes et cela ne les empêchait pas de faire de grossières erreurs de casting.

Nous recevons chacun rapidement les candidats et je l'appelle ensuite. Aucun ne m'intéresse vraiment, ils ont tous à peu près le même profil – tête bien faite, connaissance des rouages de la haute administration, peu ou pas d'expérience du terrain, entre 30 et 40 ans.

- Dans quel ordre les classeriez-vous ?

Elle me fait une analyse assez fine des quatre en valorisant au maximum les quelques expériences qu'ils ont pu avoir. De mon côté je suis d'accord avec ses remarques même si je n'ai pas vu de différence énorme. Puisqu'il faut en prendre au moins un, faisons-le vite et passons à autre chose.

- Je trouve que votre numéro 4, Jérôme est assez original. Malgré vos réserves, j'ai envie de tenter l'expérience. Dites-lui que c'est OK. Pour le reste, je vais trouver des conseillers dans la société civile, parmi des gens que je connais.

Elle trouve évidemment étonnant que mon choix se porte sur le moins « bon » d'après son analyse mais ne s'en offusque pas plus que cela.

L'heure du déjeuner sonne bientôt et depuis le petit déjeuner pris à l'aube, j'ai l'estomac qui me rappelle furieusement à l'ordre. J'invite le petit noyau d'équipe ainsi constitué à partager un repas sur le pouce, Corinne, l'assistante et Jérôme le n°4.

Ma directrice me prend en aparté et me dit que ce repas en commun n'est pas une bonne idée, que cela ne fait pas, qu'un ministre se doit de garder de la distance.

Incroyable. Sans le faire exprès, sa remarque incarne immédiatement le problème auquel je vais avoir à faire face : un ministre ne doit pas se « mélanger » au citoyen de base même quand ceux-ci vont travailler pour lui.

La distance nom de Dieu !

Je passe outre sa remarque et nous atterrissons dans un bistrot de la rue de Grenelle. Dire que mes trois équipiers sont coincés est une litote. Je décide de faire un tour de table en commençant par moi. L'ambiance se détend un peu. Corinne explique son parcours et les deux autres suivent avec moult précautions. Je comprends tout à fait leur retenue. J'essaie de leur expliquer quelques « basiques » de ma façon de travailler : nous allons travailler, probablement beaucoup mais nous allons le faire dans la bonne humeur. Visiblement un message décalé et original pour tous les trois qui ont pour seule expérience l'administration publique. J'insiste lourdement :

> - Quand je dis beaucoup de travail, c'est beaucoup et vous pouvez encore décider aujourd'hui de chercher une autre affectation si cela vous fait peur.

Je vois aux regards échangés qu'ils ont plutôt envie de tenter l'expérience. Peut-être pensent-il d'ailleurs que celle-ci sera courte ! Qui sait ?

Je leur explique que les autres conseillers viendront selon le terme consacré de la « société civile » et que j'espère que l'équipe sera au complet dans quelques jours. Il va falloir que je m'y attelle dès cet après-midi d'ailleurs mais j'ai déjà quelques idées….

Retour au bureau et je décide de les garder tous les trois pour une première réunion impromptue : agenda des jours à venir et liste des choses à faire. Le court terme est fait d'un premier conseil des ministres le lendemain matin, un conseil qui devrait être court puisque sans agenda. Sans doute un retour sur les élections et une feuille de route générale donnée par le Président. Apparemment, il y a sept ministres (dont le premier) qui appartenaient au ministère précédent, trois qui ont été ministres auparavant et six nouveaux dont cinq élus et un « non politique ».

Il faut vraiment que j'aie rapidement un entretien avec ce Président qui m'a nommé afin qu'il me dise POURQUOI.

Je demande que l'on me prépare pour la fin d'après-midi la liste des départements de la métropole triée par participation décroissante au dernier vote des législatives. Même travail pour les grandes villes. Avec l'historique des abstentions depuis 40 ans pour toutes les élections.

Puis, je commence un premier tour de piste au téléphone pour voir si ceux de mes connaissances que j'ai en tête ont envie de partager l'aventure.

Une vingtaine de contacts plus tard, je suis très étonné de la position généralement très tranchée de ceux que j'ai contactés. Tous estiment que mon acceptation vaut engagement politique ce qui n'est évidemment pas le cas dans mon esprit. Mon engagement est pour mon pays. Mais ce discours n'accroche pas. Il y a d'ailleurs eu dans le passé des ministres « d'ouverture » qui n'étaient pas directement dans la mouvance politique du Président. Pas directement mais pas si loin me répond-on avec à-propos.

Impossible ou très difficile de sortir de sortir de cette logique alors même que je me suis laissé embarquer assez naturellement sans y penser vraiment.

Au final, je retiens 4 réponses positives. Positives mais surtout très enthousiastes ce qui est le plus important. Et il faudra qu'un jour je réunisse tous les autres pour une séance d'explications....

Je prévois de rencontrer ensemble ce soir les 4 qui m'ont donné leur accord de principe : Bernard un ancien financier qui a le verbe court mais la tête bien faite, Isabelle ancien patronne de la communication d'un grand groupe du CAC 40, Fabien un quinqua designer en activité prêt à affecter 1 à 2 journées par semaine avec son studio de création pour rigoler avec moi et enfin Marion une jeune geek qui fait des petits boulots pour vivre et qui tient un blog sur l'art et la manière de présenter des belles tables pour les repas de fêtes...

Au moment où la fatigue commence à me rappeler à l'ordre, Corinne passe la tête pour me dire qu'une soixantaine de journalistes ont déjà demandé une interview....

> – Vous êtes vraiment la sensation de cette nouvelle équipe dit-elle avec un franc sourire qui fait plaisir et qui cache mal son excitation. Mon dernier « ministre » avait eu 2 demandes d'interviews le premier soir !

– Ne vous emballez pas, c'est le contenu de ce nouveau ministère qui les attire, pas moi. On verra qui on voit après le premier conseil.

CHAP 13

Jeudi 2 Avril 19h30

Il est tard et je décide de passer rapidement aux toilettes avant de rejoindre le chauffeur qui m'attend dans la cour, la république bienveillante m'ayant immédiatement accordé les attributs liés à mon poste. Il faut dire que la diminution brutale du nombre de ministres laisse un parc automobile et des chauffeurs immédiatement disponibles…Pas bon pour le chômage ça….

Je m'accroupi un instant dans le couloir pour remettre un lacet (cela m'arrive plusieurs fois par jour, souvent le même pied d'ailleurs, le droit, allez savoir pourquoi ?). Je suis juste devant les bureaux du secrétariat du Premier Ministre et je surprends une fin de conversation qui ne laisse pas de me surprendre :

- Pour déroger à la parité, il fallait vraiment qu'il en ait envie de ce Villeneuve le Président. Tu lui trouves quoi toi ?

- Il est sympa mais j'ai peur qu'il ne tienne pas la route. Trop naïf et direct. Pas assez de recul. J'ai du mal à croire qu'il ait fait une si brillante carrière dans le privé. La femme avait ma préférence mais manifestement je n'ai pas convaincu Xavier.

- Résultat, j'aurai très certainement la question sur cet accroc à la parité ce soir au 20h sur la 2. J'y file d'ailleurs tout de suite….

- Je te jure que j'ai vraiment tout fait pour motiver Xavier afin de prendre la femme….

- Laisse tomber Philippe, c'est le cadet de mes soucis.

L'échange me laisse pantois. J'ai reconnu les voix du Premier Ministre et de Philippe. Si j'avais encore quelques espoirs pour une situation claire et des relations qui « baignent », c'est raté. J'ai donc été imposé par ce Président que je ne connais pas…Zappant les toilettes, je demande au chauffeur de ne pas trainer et à 20h pétantes je regarde le journal.

Le Premier Ministre est brillant devant les caméras comme lorsqu'il n'était que ministre de l'Economie et des Finances et il explique tranquillement pourquoi ce qui n'a pas marché avec son ami - collègue de parti et prédécesseur va changer radicalement avec lui : concertation oui mais décisions rapides et une immense énergie au service du pays.

L'énergie est son mantra du moment et je trouve que c'est plutôt bien trouvé après le parcours chaotique d'escargot ivre du gouvernement précédent.

Pourquoi il n'a pas la parité ? Parce qu'il a choisi les meilleurs pour les postes à pourvoir et que l'objectif de parité passe après l'objectif de résultats. Bien dit. En tout cas, il semble ne pas redouter les critiques de tous les journalistes/comptables de la politique qui passent plus de temps sur la sémantique des déclarations que sur l'analyse des résultats obtenus. Quand on sait comme moi qu'il n'a pas vraiment choisi son équipe, au moins un en tout état de cause, sa déclaration est savoureuse.

Arrive la question sur le nouveau ministère des citoyens. Comme je l'avais imaginé, il déclare souhaiter que les politiques et les citoyens puissent se « réconcilier » et il compte parmi les objectifs de ce ministère diminuer drastiquement et rapidement l'abstention. Il enchaine sur les objectifs qu'il assignera à tous les membres de son équipe, objectifs qui seront dévoilés après le premier conseil des ministres. Le journaliste tente en vain une question sur ce Jacques Villeneuve que personne ne connait.

> – Vous le découvrirez très vite et l'apprécierez autant que moi conclut-il. Un type absolument extraordinaire….

C'est ça la politique : on affirme beaucoup ; on promet encore plus ; on a un avis sur tout, un avis tranché et éclairé bien sûr. Du pur « Story telling » diraient d'anciens collègues de marketing en mauvais français !!!!

CHAP 14

Jeudi 2 Avril 20h45

Mes quatre conseillers potentiels arrivent les uns après les autres pour un diner « pizzas » à la maison. Ils me chambrent à qui mieux mieux. D'un « monsieur le ministre » ronflant à « il est où le fou ? ». La seule qui ne dit rien est la petite jeunette, Marion. Elle pourrait être notre fille à tous et elle reste pour l'instant sur la réserve. J'apprécie cette autodérision initiale. Pas question de prendre la grosse tête.

- Alors, explique-nous comment tu as décroché ce poste attaque Fabien

- Je n'en sais vraiment rien.

Devant le questionnement légitime de mes amis j'enchaine rapidement car je ne veux surtout pas leur cacher quoi que ce soit. Je leur relate dans le plus grand détail mes dernières quarante-huit heures.

- Ce n'est pas clair ton histoire dit Bernard. Il y a des gens qui feraient n'importe quoi pour avoir un poste de ministre, et toi tu es nommé sans l'avoir demandé et sans savoir pourquoi ??

- C'est vraiment un point essentiel à comprendre au plus vite ajoute Isabelle

- Vous parlez comme des livres tous les deux. Suggérez-vous que je doive décliner ?

- Décliner, certainement pas, mais connaitre au plus vite le dessous des cartes, conclut Fabien car sinon, cela va se terminer dans le mur

- Connait-on jamais le dessous des cartes ? ajoute Bernard

Après cette entrée en matière compréhensible, je distribue les rôles tels que je les ai imaginés : Bernard qui adore les chiffres se concentrera sur les études statistiques liées aux votes et aux abstentions en y cherchant le pourquoi du « comment », Isabelle, jeune retraitée comme moi sera mon garde-fou en matière de communication, Fabien mettra sa créativité au service du groupe pour trouver un nouveau « profil » de citoyen et les moyens de ramener les citoyens vers les urnes, Marion sera la patronne de tout le secteur « internet – newsletter – réseaux sociaux ».

Ils sont tous tellement motivés que j'en suis très touché. Motivés par le contenu du ministère et par le fait de travailler avec moi. Super.

Rendez-vous est pris pour demain au ministère en début d'après-midi. Je les enjoins de ne rien dire sur mes interrogations concernant ma nomination. Confidentialité absolue.

Ils devront travailler en bonne intelligence avec la Dircab mais les liens qui nous unissent en dehors de cette aventure font que nous savons déjà que cela va fonctionner sans problème.

Le premier objectif à très court terme pour moi à cet instant est clairement défini : comprendre POURQUOI. Peut-être aurai-je le privilège de croiser le Président après le conseil pour lui poser la question ?

Vendredi 3 Avril 9h15

Le chauffeur vient me chercher pour aller à l'Elysée. Je suis largement en avance. Le stress est à son maximum, comme le jour où j'ai passé mon bac quelques 44 ans auparavant ! Le ventre noué. J'échange au téléphone avec Corinne ma « Dircab » qui m'indique que les demandes d'interviews sont montées à 117 dont une dizaine de l'étranger…Egalement une vingtaine de sollicitations des radios et des télévisions en continu pour aujourd'hui ! Un probable record me dit-elle :

– Réfléchissez avec l'équipe au contenu de la communication que nous allons faire. Voyez aussi les médias qui vous paraissent « clés » pour les premières interviews. Quatre ou cinq pour débuter. Ou alors une seule conférence de presse pourquoi pas, on en reparle cet après-midi. Trouvez-moi un média-training pour demain matin et ne me dites pas que c'est samedi. Au fait, j'ai sélectionné quatre conseillers non politiques qui acceptent de venir travailler avec nous. Dont quelqu'un pour la communication justement. Première réunion cet après-midi à 13h30 au ministère.

– OK Patron, c'est bien noté. Bon courage pour ce premier conseil

Je me recale dans le fond du siège. Son « OK Patron » m'a fait comme une caresse dans le dos. Cela me détend et me fait du bien. Je me retrouve d'un seul coup rajeuni de plus de 20 ans ! Que c'est bon de se retrouver aux manettes d'un projet important…. Enfin, à ce moment, cela me parait important…

La voiture tourne rue du faubourg St Honoré. Nous sommes à deux pas de l'Elysée, juste derrière un autre véhicule de fonction qui manifestement va au même endroit. Mon chauffeur ralenti et se positionne derrière le véhicule qui le précède dans la rue adjacente. Apparemment, chaque voiture doit rentrer seule dans la cour afin de laisser le temps aux journalistes de faire leur travail. Mais pas trop tôt. Dimitri mon chauffeur est rompu à cette procédure. Cela fait maintenant 6 ans qu'il est chauffeur de ministres….

Dimitri en profite pour me dire qu'il est également mon officier de sécurité de « premier niveau ». Il a été formé pour cela. Tous les « petits » ministres et secrétaires d'état sont ainsi pourvus. Pour le premier ministre et certains très médiatisés en haut de la liste, il y a toute une équipe autour d'eux.

Il m'explique aussi que je vais avoir un téléphone spécial « codé » et un autre téléphone spécial sans touches est relié en permanence à la police.

L'attente aux portes du « Château » me ramène à ma préoccupation immédiate : j'essaie d'imaginer comment je vais pouvoir « coincer » le Président pour lui poser la seule question qui m'importe à ce moment : POURQUOI MOI ? Avec bien sûr la discrétion qui s'impose….

Je regarde distraitement la plaque de la C6 qui s'apprête à entrer dans la cour devant nous. C'est drôle, cette plaque me dit quelque chose. AS-084-YH ? Je le note rapidement sur le papier vierge que j'ai plié en quatre dans ma poche de costume. J'ai décidé de ne prendre aucune serviette ni dossier. Je voyage « léger » pour cette première. Sans faire « semblant ». Ostensiblement.

La suite se déroule dans un ballet un peu irréel.

Les caméras et les journalistes accrédités tenus à distance, les huissiers, la salle du conseil, les places distribuées autour de la table avec un petit chevalet portant le nom et titre de chacun, les saluts froids et interrogateurs des autres participants, l'attente du lever de rideau dans un silence troublé de multiples chuchotements...

Le Président accompagné du Premier Ministre arrive très en retard et l'ordre du jour est lu par le Secrétaire Général de l'Elysée.

J'observe, j'écoute, je regarde les uns et les autres. J'apprends en fait.

La fin arrive très vite, trop vite. Le Président s'éclipse rapidement. Ce n'est pas aujourd'hui que j'aurai une réponse.

Quelques discussions s'engagent et les plus impatients de se montrer aux médias sont déjà dehors sur le perron. Xavier rentre dans la salle et vient directement vers moi. Je note ses demandes. Je sors dans le peloton afin de me faire le plus petit possible.

– Ça s'est bien passé Monsieur ? demande Dimitri

– Je ne sais pas car je n'ai pas l'habitude

– On va à Matignon ?

– Bien sûr

Je rallume mon portable personnel et cherche dans mes dossiers la photo que m'avait envoyée mon témoin. Les mêmes lettres mais 084 au lieu de 087. Six caractères identiques sur sept. C'est pour cela que je croyais connaitre.

J'appelle ma Dircab :

– Tu peux me trouver 2mn avec le Premier Ministre aujourd'hui, le plus tôt possible ? Machinalement, je l'ai tutoyée.

– Sans problème. Vous êtes sorti du conseil ?

– Oui, je suis en route. Désolé pour le tutoiement, c'est venu tout seul.

Elle a déjà raccroché.

CHAP 16

Vendredi 3 Avril 12h15

Le Président sortit du conseil rapidement et se dirigea vers son bureau. Lui d'ordinaire toujours discrètement souriant et d'apparence joviale était préoccupé, excédé même.

 – Annulez-moi ce déjeuner ou plutôt déléguez au nouveau Premier Ministre. Il va être ravi de démarrer avec les représentants des jeunes chambres économiques. Appelez-moi Alex et faites-nous monter deux salades César au homard. Avec une bouteille de Pouilly Fumé.

L'assistante se dépêcha de répercuter les ordres et il croisa le Secrétaire Général de l'Elysée qui venait aux nouvelles :

 – Un problème M. le Président ?

 – Juste un peu fatigué. Ce premier conseil était nul. Tu as pu voir comme ils étaient tous « coincés » et je n'ai pas pu les mettre à l'aise. On se revoie à 13h30 pour la suite

Le Président se cala dans son fauteuil et se dit que ce deuxième volet de son quinquennat démarrait mal. Pourquoi diable avait il voulut suivre Alex et créer ce Ministère des Citoyens. Jusque-là, il avait su louvoyer et éviter les décisions difficiles.

« L'Evitement »

Il était le roi de l'évitement. Il avait conjugué à tous les temps le célèbre principe d'Henri Queuille, Président du Conseil de la 4ème république : « Il n'y a pas de problème qu'une absence de solution ne puisse résoudre ».

Il avait tout évité, enfin presque tout car sur la foi de renseignements de première main à l'époque (?), il s'était engagé comme un forcené sur la descente de la courbe du chômage.

L'inversion de la courbe ! Quelle rigolade ! Les pays alentour avaient retrouvé le chemin d'une croissance timide mais réelle mais le chômage en France s'obstinait à augmenter chaque mois et toutes les manipulations statistiques ne faisaient que reculer l'inexorable descente aux enfers.

Tous ceux qui l'avaient encouragé dans cette voie avaient été « remerciés » depuis, bien sûr.

Son chef de cabinet et trois de ses proches conseillers ainsi que plusieurs ministres de l'ancienne équipe dont le premier d'entre eux.

Maintenant il s'était engagé dans cette reconquête de l'électorat avec un ministère qui attisait les attentes de la France entière et avec un Ministre qu'il ne sentait pas du tout.

> – Entrez cria-t-il en réponse au discret toc-toc à sa porte

Alex entra et vit immédiatement que l'ambiance était celle des mauvais jours. Il choisit de ne pas parler et s'assit discrètement.

> – Tu l'as vu ce nouveau Ministre de merde ? Démarra-t-il

> – ……

– Je ne comprends pas pourquoi je t'ai suivi ! Tu vieillis Alex et j'ai été assez con pour te suivre. Je m'en veux terriblement. Et je t'en veux aussi

– Quel est le problème Président ?

– C'est ce Villeneuve le problème. Je l'ai regardé deux trois fois en coin ce matin. Il n'a pas dit un mot. Raide comme la statue du Commandeur. A nous observer le Premier Ministre et moi et tous les autres ministres. Comme beaucoup d'autres ministres d'ailleurs, et ce n'est pas bon signe. Enfin bon. Ce premier conseil était merdique de toute façon.

Villeneuve (déjà le nom !) ne ressemble à rien et il va se faire « manger » par les médias en moins de temps qu'il n'en faut pour le dire. C'est notre nouvelle casserole aux fesses. Et c'est moi qui l'ai voulu… qui l'a décidé !!!

Le Président se pris la tête dans les mains et resta prostré un moment.

– Vous êtes dur Président, dur avec lui, dur avec moi et dur avec vous aussi. J'ai noté qu'avec beaucoup d'intelligence il avait évité les caméras à la sortie du conseil. Il est sorti dans le gros du peloton juste derrière votre benjamine que tous les médias voulaient avoir pour leurs journaux. Je suis assez proche avec sa Dircab depuis une université d'été à La Rochelle il y a quelques années… et je sais qu'il fait dès demain matin un média-training ce qui devrait lui éviter les plus grosses bourdes.

– Je disais les médias mais il n'y a pas que cela. Ce type ne sourit pas et je ne le vois pas plancher non plus devant l'Assemblée ou au Sénat. Ni nulle part, d'ailleurs.

Un bon politique commence par sourire avant qu'on ne lui pose une question. Et il continue de sourire même si la question est gênante.

Le sourire Alex !

Le sourire.

C'est la base.

Le minimum, le passeport pour réussir.

Là, avant même d'ouvrir la bouche, il va avoir tout le monde contre lui.

- Mais je vous rappelle que c'est ce que nous voulions in fine. Un « Malaussene »

- OK, OK, je me souviens très bien mais il faut que le martyr en question ait la capacité d'encaisser les coups et, au moins pendant un certain temps, de les parer avec élégance et efficacité.

- Vous n'avez jamais été en entreprise Président mais je peux vous assurer que son parcours plaide pour lui et qu'il ne s'est jamais laissé marcher sur les pieds. Le type d'entreprise où il a travaillé, P&O, est impitoyable. Un fleuron du CAC 40. C'est la 117ème multinationale mondiale par le chiffre d'affaire, 34ème par la capitalisation boursière et c'est la première sur son marché. Ce n'est pas vraiment le « Club Med » ! Il a dû se battre tous les jours pour s'imposer et je suis sûr qu'il a encore « la pêche » pour le faire avec ce ministère

- La pêche pour se battre ? Mais pourquoi le ferait-il d'ailleurs ? demanda brusquement le Président en regardant fixement Alex.

– Parce que ça l'amuse tout simplement… Et que cela le valorise. Il renait avec ce job !

– …..

– Vous savez, vous côtoyez très majoritairement des gens pour lesquels le mot retraite n'existe pas, politiques, journalistes, écrivains, comédiens, présentateurs télé, ….

Dans ces professions libérales, on continue jusqu'au bout. Tant bien que mal. Avec des hauts et des bas.

Ils finissent tous par faire un livre de souvenirs lorsqu'on les oublie un peu trop vite. Vous avez des interviewers de plus de 70 ans à peu près dans tous les médias. Il parait que cela rassure les gens d'écouter des têtes blanches. Enfin…. Surtout des hommes en fait parce que pour les femmes cela marche moins bien.

Dans le privé, c'est complètement différent, à un moment et c'est le cas pour Villeneuve, vous passez de tout à rien ou si peu.

La retraite !

Un véritable traumatisme pour beaucoup. Le début de la fin pour tous !

Là, comme par magie, on lui redonne un os à ronger. Gros l'os sans doute mais à la mesure de ses mâchoires et je suis certain qu'il va nous étonner, vous étonner. C'est peut-être un diesel ce type et il lui faudra probablement du temps pour sourire…s'il ne le fait jamais un jour…

Mais pour le reste, les interviews, le management des situations complexes, la gestion de projet, les indicateurs de performance, l'animation d'une équipe même grosse… Laissez-lui le temps

L'assistante les interrompit et le cuisinier apporta les salades et le vin. Le Président était déjà plus calme quoique toujours boudeur mais le Pouilly fumé allait comme à l'habitude apaiser ses angoisses.

> – Imaginez-vous un instant, Président, parachuté à un poste de haute responsabilité dans le privé, sans doute que...

> – OK, OK Alex, je crois que j'ai bien compris ton raisonnement. N'en rajoute pas. Et je le discute d'autant moins ton raisonnement que j'ai en son temps adhéré pleinement à ton idée.

Le Président se resservit un verre de vin qu'il dégusta les yeux mi- fermés en regardant fixement Alex tout en réfléchissant.

> – Tu sais au fond, la grande différence entre toi et moi c'est mon nez, mon pif, mon feeling.

Je n'ai pas énormément de talents mais je sens les choses.

Et là, ça ne sent pas bon, c'est aussi simple que cela.

Villeneuve ne m'a pas plu. Pas du tout.

D'ailleurs dans ton programme, tu avais prévu que je le rencontre assez vite afin de montrer à tous que cette nomination ne devait rien au hasard. Et bien je ne le verrai pas en tête à tête. Pas question. Pas maintenant. Je ne le sens pas.

– OK Président, cette rencontre aurait aidé notre projet mais je peux distiller quelques infos en « off » qui permettront d'entretenir le doute chez tous…

– J'ai besoin que tu le mettes sous surveillance et tu me feras un rapport hebdomadaire. Tu vois ce que je veux dire, une surveillance de ce qu'il dit aux médias, de ce qu'il fait et de qui il rencontre. Je ne parle pas de sa vie privée qui ne m'intéresse pas. Encore que… Il faudra peut-être arrêter le massacre assez vite. Plus vite que ce qui était prévu. Dans quelques mois à l'automne, il y a d'autres élections et donc une première fenêtre pour ajuster l'équipe gouvernementale.

Regarde aussi comment il fonctionne, ses points faibles, il en a forcément. Tient toi prêt. Organise ce qui doit l'être

– Bien compris Président et merci pour la salade

Alex ressortit et se fit la réflexion que son Président vieillissait, qu'il n'avait plus la légèreté et l'enthousiasme du début. Le pouvoir au plus haut niveau use son homme et il ne dérogeait pas à la règle. Il commençait à avoir peur de son ombre….

CHAP 17

Vendredi 3 Avril 14h45

- Ton putting reste toujours solide malgré ta récente nomination ! remarqua Gérard.

- Ça va répliquai-je. Quand vous aurez fini tous les trois de me « vanner », on pourra se concentrer sur le jeu

Il est 14h45 et nous terminons le premier trou du golf de Cely.

En entrant à L'Elysée avant le Conseil, je me souvins d'un seul coup que cette sortie avec trois de mes amis golfeurs parisiens était programmée depuis des mois dans le cadre d'une opération caritative. Je ne l'avais pas annulée pris dans le maelstrom de ma nouvelle aventure et le matin pendant le Conseil je reçus l'heure du départ en sms.

Je pus voir une minute entre deux portes le Premier Ministre qui repartait pour l'Elysée afin d'avoir son assentiment pour ma future conférence de presse et passer ensuite chez moi me changer. A 13h30 dans la voiture, toute mon équipe était réunie dans un bureau à Matignon et la réunion initialement prévue se fit par « face time » avec moi dans la voiture.

Tout le monde fut surpris que je n'annule pas mais il n'y avait pas d'impérieuse nécessité à mes yeux pour le faire. Cette première était surtout une prise de contact entre les membres de mon équipe et ce n'était pas plus mal qu'ils se voient en dehors de moi. Une réunion plus structurée est programmée lundi après-midi après la conférence de presse. La seule décision fut de programmer les deux premières sorties sur le terrain, la Seine Saint Denis la semaine prochaine et l'Ardèche la semaine suivante.

Le plus surpris je crois fut Dimitri. De me voir en décontracté, d'assister à une réunion en face time dans la voiture, d'aller ensuite dans un golf….

- Je peux vous poser une question Monsieur demanda-t-il lorsque le « face time » fut fini

- Allez-y Dimitri

- Vous êtes sûr qu'aller jouer au golf aussitôt votre nomination n'est pas une erreur aux yeux de vos collègues et surtout aux yeux des médias ?

- Peut-être, je n'en sais rien et pour tout dire je m'en fiche un peu mais j'avais cet engagement depuis 2 mois. Vous avez vu que cela n'empêche pas l'équipe de travailler, vous y compris.

- Non bien sûr mais c'est rapport au Fouquet 's. Vous vous souvenez de la polémique. Le golf c'est quand même un sport de riche, alors, dans un gouvernement de gauche….

- Il faudra qu'un jour je vous explique deux ou trois choses sur cette fameuse « gauche ». Rassurez-vous, il n'y aura aucune personnalité connue, aucune rock star au golf. Seulement une centaine de gens qui soutiennent une association méritante, des électeurs de base dont trois me diront peut-être des choses intéressantes

- Je ne suis jamais rentré dans un golf ajouta Dimitri pensif, ça va être une première pour moi…

Le silence s'établit pendant un instant. Je repensais à la voiture de ce matin et à sa plaque

- Savez-vous qui s'occupe du parc des voitures des ministres ? demandais-je à brule pourpoint

- C'est un service spécial à Matignon qui gère le parc de voitures et l'ensemble des chauffeurs. Enfin pas complètement car certains ministres, même de gauche, ont déjà leur chauffeur avant d'être nommés et ils gardent s'ils le veulent la voiture et le chauffeur qu'ils avaient avant. Pour les autres, il y a un tableau d'affectation pour les titulaires, moi avec vous par exemple et compte tenu des jours et heures de travail, il y a pour chacun un remplaçant. D'ailleurs, demain et lundi, je serai de repos et vous aurez quelqu'un d'autre.

- Avec la même voiture ?

- Non, chaque chauffeur a sa voiture et s'occupe du carburant, de la propreté du véhicule et des réparations nécessaires. Ainsi que des rendez-vous d'entretien. Les voitures sont changées périodiquement, tous les deux ans environ. On les voit arriver avec leurs numéros qui se suivent….

J'écoutais Dimitri d'une oreille très distraite me faire le descriptif du parc automobile de Matignon lorsque sa dernière phrase me réveilla. Ainsi donc, il était tout à fait possible que la voiture qui me percuta l'an passé soit l'une d'entre elles….

L'atmosphère était à la détente dans le club house. La plupart des joueurs étaient bien fatigués après un après-midi physique au grand air. J'étais assis à l'écart avec mes trois amis devant la bière traditionnelle.

- Comment se fait-il que tu ais été choisi ? demanda Gérard

- Si je vous dis que je ne sais pas vraiment vous aurez du mal à me croire et pourtant….

- Cela doit te faire drôle intervint Jean Pierre

- Très. J'ai l'impression d'être dans un rêve.

- Un rêve ou un cauchemar ? ironisa Gérard

- Non, un rêve. Tout du moins pour l'instant. Mon chauffeur m'a d'ailleurs prédit une polémique à propos de ce golf et le réveil va peut-être se révéler brutal dès demain. On verra….

- Il est sympa ton chauffeur et il était comme un vrai gamin à conduire la voiturette.

- Au moins ça l'a occupé

Chacun s'accorda une gorgée de bière

- Tu restes pour la remise des prix ?

- Non, je me sauve dans cinq minutes. Vous me ramènerez mes cadeaux s'il y en a. On se fait un déjeuner dans les semaines qui viennent et la contrepartie que je vous demande, c'est de me dire à votre avis pourquoi les citoyens ne vont plus voter. Trois quatre raisons pas plus. Sans langue de bois. Gérard, tu regroupes les réponses et tu m'envoie un mail ?

Dimitri revint après avoir rendu les basquets qui lui avaient été prêtées pour pouvoir aller sur le parcours. Je me levais.

- Salut les amis, à bientôt. Le devoir m'appelle !

CHAP 18

Vendredi 3 Avril 19h30

- Bon alors raconte ! C'était comment ce premier conseil ?

- Inattendu et au final assez décevant. Je suis resté sur ma faim.

- Tant que cela ?

- Oui car franchement je m'attendais à autre chose. Peut-être avais-je mis la barre trop haute. C'était très froid, très convenu et au final incroyable pour des gens destinés à travailler ensemble.

Normalement, ils se connaissent tous depuis des années et ils devraient afficher une certaine complicité, voire pour certain une authentique amitié.

Rien de tout cela, ceux qui ont parlé jouent leur partition et les autres attendent que cela se passe…Peut être que tout se joue en coulisses, en tête à tête ou en petit groupes… Le conseil m'est apparu très formel, comme une chambre d'enregistrement.

- Tu as pu parler avec le Président ?

- Non, pas du tout. Il est arrivé en retard accompagné par le Premier Ministre et il est reparti alors que nous étions encore assis. Il avait l'air préoccupé et pour tout dire, pas content. Quelque chose le tracassait manifestement. Il n'a pas dégagé de sérénité en tous cas. Ni même d'énergie.

– Il ne t'a même pas dit bonjour ?

– Non, il a juste souhaité collectivement la bienvenue aux six nouveaux ministres en leur rappelant que tout ce qui se disait à ce conseil doit absolument rester confidentiel et c'est tout.

– T'as parlé avec qui alors ?

– J'ai salué à peu près tous les autres avant que cela ne démarre. Ils m'ont tous regardé comme un OVNI avec un petit sourire en coin. Ils doivent imaginer que je connais le Président et ils se méfient. Le seul avec qui j'ai vraiment parlé est Xavier le Dircab adjoint qui m'attendait après le conseil qui m'a demandé de remplir sans faute la déclaration concernant les conflits d'intérêts et la fortune.

– Ils savent que nous payons l'ISF ?

– Je ne sais pas mais ils le sauront bientôt car je la remplierai dès lundi avec ma Dircab.

– Sympa ta Dircab ?

– Oui plutôt. Elle se donne du mal en tous cas.

– Bon et vous avez parlé de quoi ?

– Avec ma Dircab ?

– Non, au conseil.

– En fait c'est très étrange qu'il nous demande la confidentialité alors qu'il n'y a pas eu d'échange. Tout ce qui a été évoqué a été rapporté par le porte-parole. Elections, passage de témoin entre anciens et nouveaux ministres, situation internationale, point sur les engagements militaires, feuilles de route pour chaque ministère.

– Vous avez donc quand même parlé des élections ?

– Seulement le Ministre de l'Intérieur qui est resté factuel et « statistique ». Aucun questionnement partagé, pas de tour de table. Personne ne s'est exprimé librement. C'est probablement cela au fond ce qui m'a gêné.

Le tour de table.

J'étais habitué à des comités de direction relativement animés et riches, parfois difficiles. Pour mon propre comité, je faisais systématiquement un tour de table, souvent deux d'ailleurs : un au début sur un thème, un à la fin complètement libre s'il restait du temps.

En même temps pour ce premier conseil, il n'y avait pas d'ordre du jour distribué à l'avance et les suivants seront peut-être différents mais bon, je n'y compte pas trop….

Le feed-back de chacun sur les élections aurait été pourtant un bon thème de partage pour l'équipe….

Enfin, est-ce vraiment une équipe ?

– Pas un mot du Président sur les élections, ça je n'en reviens pas.

– Il s'était exprimé officiellement le soir des élections, il doit estimer que c'est suffisant….

– Et donc tu as ta feuille de route ?

– Non, cela a été demandé par le Président au Premier Ministre pour le prochain conseil.

– …..

–	.....

–	C'est beau l'Elysée ?

–	Superbe.

Et impressionnant.

Déjà l'arrivée dans la cour avec le bal des voitures. Les cars de télé. Les huissiers. On a attendu une dizaine de minutes dans la rue à côté pour ne pas arriver trop tôt...

Mon chauffeur est un habitué. Dimitri il s'appelle.

Ça pour le coup, c'est bien réglé. Tout pour la « com » quoi....

–	Je ne t'ai pas vu à la télé ?

–	Tu regardes les infos en continu maintenant ?

–	Seulement pour te voir au cas où.

–	En fait, j'ai soigneusement évité les télés en partant ni trop tôt, ni trop tard. Je fais demain matin un média training et je me sentirai plus à l'aise après, enfin j'espère....

–	.....

–	Tu t'amuses ?

–	Pour l'instant pas encore beaucoup mais quand même un peu, j'apprends, je découvre, je retourne à l'école quoi...

–	Tu pars tôt demain matin

–	Pas trop tôt non...pourquoi ?

–	Tu n'as pas une idée pour terminer ta première vraie journée de ministre ?

– Si, la même que toi….

CHAP 19

Lundi 6 Avril 11h00

Il y avait comme une atmosphère de rentrée des classes en ce lundi matin. Un mélange du plaisir de rencontrer des gens que l'on connait bien dans un lieu habituel mêlé à l'excitation de découvrir un nouveau sujet. Les journalistes se pressaient à l'entrée de la salle de musique de Matignon. Ils se connaissaient tous, ils s'embrassaient. Leur point commun ce matin était de ne jamais avoir vu ce nouveau Ministre mais cela n'empêchait pas les petites phrases, pas encore vraiment des rumeurs mais cela n'en était pas très loin.

- Il parait qu'il ne sourit jamais….

- D'une timidité maladive m'a-t-on dit.…

- Pas de charisme a dit un ministre cousin de mon voisin.…

Chacun fourbissait ses questions en espérant pouvoir en poser au moins une.

Le silence se fit à l'entrée du Ministre qui n'avait que deux petites minutes de retard sur l'horaire annoncé. Costume sombre, cravate à dominante rouge sur chemise blanche.

- Bonjour à toutes et à tous.

Vous êtes 67 à avoir répondu présent à notre invitation et je vous en remercie, 68 maintenant, allez-y, assoyez-vous, je vous en prie.

Avant de prendre vos questions, je vais vous dire quelques mots.

Vous trouverez dans le dossier qui vous sera remis en fin de conférence une bio me concernant. Pas besoin donc de me poser des questions sur mon parcours jusqu'à aujourd'hui, vous y trouverez toutes les réponses.

Vous pourrez également éviter de me demander le pourquoi de ma nomination. C'est au Président et au Premier Ministre qu'il appartiendra de répondre s'ils le souhaitent.

Nous pouvons maintenant rentrer dans le vif du sujet.

Les journalistes se regardèrent un peu étonnés. D'habitude, l'exposé liminaire permettait à l'initiateur de la conférence de dérouler ses messages pendant 15/20 minutes. Les questions ensuite venant mettre un peu de fantaisie. Ici, les questions arrivaient d'entrée... Etonnant.

Jacques Villeneuve était parfaitement calme, souriant, direct. Pas de blague à l'américaine pour briser la glace. Pas de phrase convenue sur le temps qu'il fait. Il se tourna vers sa voisine de droite sur le podium sur lequel il se tenait debout.

- Je vous présente Isabelle qui est ma Directrice de Communication. Isabelle, je te laisse le choix des questions

- Bonjour à toutes et à tous. Chacun a rempli une feuille à l'entrée en indiquant la question principale qu'il souhaitait poser dit Isabelle, ce qui fait environ une quarantaine de questions, en éliminant les questions identiques. La représentante du Figaro veut elle commencer ?

- Bonjour M. le Ministre. Quel est votre rapport à la politique ? Et plus précisément, quel est votre sentiment sur le gouvernement actuel de la France ?

- Jusqu'à cette dernière semaine, je n'ai eu aucun rapport de près ou de loin avec la politique. Ce qui ne veut pas dire que je m'en désintéressais bien au contraire. Je faisais autre chose tout simplement.

J'ai toujours été fortement intéressé par la façon avec laquelle notre démocratie fonctionne, la composition des gouvernements, le parlement, les élections…

J'ai également été un citoyen assidu, tant pour voter que pour assurer le dépouillement des résultats.

D'une certaine façon, j'ai du respect pour ceux qui font de la politique. Comment peuvent-ils tenir et sourire encore et toujours alors que leur quotidien est de se faire trainer dans la boue par leurs oppositions respectives et par tous les corporatismes qui structurent notre pays. Sur absolument tous les sujets.

Même une simple inondation devient sujette à polémique.

Il y a les mêmes ambitions et les mêmes luttes de pouvoir dans les affaires privées mais au moins reconnait-on en entreprise ce qui est bien fait.

En politique, j'ai rarement vu le début d'une reconnaissance, d'un acquiescement. Quelques cas isolés en politique étrangère, du bout des dents.

Il faut vraiment être « solide » et très résistant pour faire de la politique.

Concernant la deuxième partie de votre question, oui bien sûr, avec une quarantaine d'années de vécu de citoyen au compteur, j'ai une opinion sur celles et ceux qui nous ont dirigé depuis plusieurs décennies ainsi que sur ceux qui l'on fait pendant ces deux dernières années.

Vous me permettrez de ne pas en parler aujourd'hui. Ce n'est pas le sujet de notre rencontre et ma position au sein de cette nouvelle équipe gouvernementale m'impose un devoir de réserve qui ne vous surprendra pas j'espère.

Villeneuve était manifestement quelqu'un de prudent qui pesait ses mots. Les plus aguerris des journalistes sentaient très bien qu'il avait mis « le frein à main », qu'il avait soigneusement préparé cette réunion. Il fallait le laisser en confiance et peut être revenir plus tard sur les sujets d'actualité qui sont ceux qui intéressent le plus les citoyens consommateurs. Ceux qui font vendre. Les questions s'enchainèrent alors sur le Ministère des Citoyens

- Nous avons eu un très bref objectif donné par le Premier Ministre à ce nouveau ministère. Pouvez-vous nous en dire plus ?

- Nous travaillons avec mon équipe depuis quelques jours et nous avons pu déjà dégager quelques axes de travail :

En premier, et c'est la chose fondamentale, il nous faut bien comprendre le pourquoi de cette désaffection des urnes. Désaffection incontestable depuis 40 ans. Je vais aller à la rencontre des électeurs et les écouter. Une journée par semaine sera dédiée à ces analyses d'opinion, analyses avant tout qualitatives. Bien comprendre le problème est déjà le début de sa solution.

En deuxième, nous allons regarder dans les démocraties qui nous entourent les bonnes pratiques qui pourraient éventuellement nous aider. Globalement en Europe on peut mesurer un certain « détachement » du citoyen de la chose publique mais pas partout et pas tout le temps

En troisième, il est absolument clair que notre système électoral a peu évolué depuis 70 ans alors que dans le même temps nos modes de vies ont complètement changé. Le canton pour donner un seul exemple avait encore une réalité physique et sociale au sortir de la deuxième guerre mondiale. Plus aujourd'hui.

L'accès aux transports, l'urbanisation, la télévision, internet, le téléphone portable….

Les nouvelles technologies rythment notre vie de tous les jours mais sont étrangement absentes de notre système électoral.

Je ne dis pas qu'il faudra voter chaque jour demain avec son smartphone mais il y a sans aucun doute à repenser le système électoral que l'on met à disposition des citoyens.

- Pourquoi ce travail ne pouvait-il pas être fait dans un autre ministère comme l'Intérieur ou au niveau du Premier Ministre ?

- C'est une très bonne question qu'il faudrait là encore poser à ceux qui en ont décidé autrement mais je vais quand même y répondre. Dans une vie antérieure, j'ai appris à mettre en œuvre des changements et si l'on veut être efficace, il faut réunir trois conditions :

  1- Que le problème soit identifié comme tel au plus haut niveau et qu'il soit mis bien visible au milieu de tous. C'est le cas ici.

  2- Qu'une équipe dédiée n'ayant que cela à penser le prenne en charge. Imaginez une seconde que le Ministre de l'Intérieur s'occupe de ce sujet (ce qui serait somme toute assez logique) N'a-t-il pas d'autres priorités plus immédiates, plus consommatrices de temps ? Le terrorisme et les migrants pour n'en citer que deux.

  3- Que l'équipe dédiée soit située au bon niveau avec les moyens qu'il faut. La création de ce ministère y pourvoie.

- Vous êtes donc certain de réussir ?

- Certain non mais je dois avouer que les conditions d'un succès sont réunies, les « prérequis » dirait-on dans le business.

Après, tout peut arriver. L'incompétence de l'équipe, le manque d'écoute des autres parties de l'entreprise, pardon du gouvernement, un changement de direction et donc de priorité…

En tout cas, vous l'aurez compris, je pars confiant et je sais que vous serez attentifs aux résultats concrets, ce qui me va parfaitement.

- A vous écouter, le changement est facile mais ne faites-vous pas péché d'arrogance en pensant que la France se gère comme une entreprise privée et que vous allez y arriver facilement ?

- Vous venez de poser deux questions, le changement et l'arrogance et je vais donc faire deux réponses :

Le changement d'abord.

Savez-vous ce qui s'est passé en Mai 1843 à Orléans ?

Villeneuve profita du moment subitement calme pour boire un peu d'eau. Vu le manque de réponses, il aurait pu boire une bouteille entière ! Il balaya l'ensemble de ses interlocuteurs avec un sourire retenu

- ……

- Le 2 Mai 1843 exactement.

- ……

- Un tremblement de terre ? Une gigantesque inondation ? Une épidémie ? Quelqu'un peut répondre ? Non personne ? Si je devais faire un peu d'humour, je dirais que vos cours d'histoire paraissent un peu lointains, voire oubliés !

- ………

- Je vais vous donner un indice : depuis des siècles Orléans était le « port » du grand sud de Paris pour tout ce qui venait du bassin de la Loire, du Berry, de la Bourgogne, du Limousin et du Massif Central. Une très grande partie de l'emploi direct et indirect était lié au commerce fluvial sur la Loire et aux transports terrestres vers Paris.

Alors une idée ? Non ?

L'arrivée du train.

En 8 ans de 1844 à 1851, 80% du transport traditionnel par voie maritime et routière disparut au profit du train.

Les emplois se tournèrent par obligation vers de nouveaux métiers notamment ceux liés au chemin de fer. Avec son cortège immédiat de fermeture d'entreprises. Une mutation dure et rapide. Un changement brutal en moins d'une demi génération.

170 ans plus tard, les mutations technologiques sont infiniment plus rapides et pourtant chaque corporation voudrait rester sur son organisation d'hier.

En suivant l'exemple du transport et du commerce à Orléans et si l'on prend la précaution de gérer au niveau le plus « local » le changement, celui-ci devient souvent « acceptable » et accepté.

Je cite souvent une phrase de Sir Winston Churchill qui résume à merveille le changement : « mieux vaut prendre le changement par la main avant qu'il ne vous prenne à la gorge ».

Dans un autre registre, je vous engage à lire si vous ne l'avez fait un petit livre qui s'intitule « Who moved my cheese ? ». Il a d'ailleurs été traduit en français (Qui a piqué mon fromage ?) et il se lit en moins d'une heure. Il éclaire assez bien les enjeux du changement et il le fait de façon très humoristique.

Le changement n'est certes pas facile mais il est complètement nécessaire.

Je vais sans doute faire réagir certaines organisations mais quand j'entends dire qu'il faut garder tous les « avantages acquis » parfois 70 ou 80 ans avant aujourd'hui, cela fait peur car tout a changé depuis cette période.

Il faut bien sûr absolument garder l'esprit de ces acquis mais il faut adapter le contenu au monde d'aujourd'hui.

Certains autres parlent de « graver dans le marbre » ou de « sanctuariser ».

Encore une fois c'est parfait pour l'esprit, les valeurs. Mais cela ne l'est pas pour une mise en œuvre moderne.

L'entreprise « France » est le cœur de votre question. Je crois très sincèrement que notre pays est une très grosse entreprise et qu'elle doit être gérée comme telle.

Valeurs, Vision, Objectifs, Plan pluriannuel, Budget, Investissements….

De mon point de vue je ne vois pas de différence fondamentale. Que cela soit au niveau d'une cellule familiale, d'une entreprise ou d'un pays, les ressorts restent les mêmes.

C'est ma conviction.

Passons à l'arrogance.

Villeneuve reprit un peu d'eau et fit durer le silence. Il les avait « bien en mains »

En fait, je ne suis pas du tout sûr de réussir à faire bouger les lignes et si j'ai pu vous faire penser à de l'arrogance, mettez-le sur mon manque d'habitude avec les médias.

Je suis juste engagé.

Engagé à fond.

Déterminé pour réussir.

Mais concrètement au moment où je vous parle, je ne sais pas encore vraiment où je vais.

- N'avez-vous pas le sentiment que le Président fait de la « politique » et nous entraine sur ce terrain pour ne pas parler d'autres sujets qui fâchent ?

- Je pense que cette déconnection entre les dirigeants et les électeurs est une vraie difficulté qu'il faut absolument affronter avant que cela ne devienne une catastrophe. Est-ce que c'est plus ou moins prioritaire que d'autres sujets ? Peut-on comparer les enjeux d'ailleurs ?

On oppose parfois et c'est à mon sens une terrible erreur le « temps court » au « temps long ». Je crois qu'un gouvernement doit traiter tous les problèmes, qu'ils soient immédiats ou à plus long terme. Les problèmes non réglés d'hier deviennent immanquablement les crises d'aujourd'hui et de demain.

Le Président a donc parfaitement raison de se pencher activement sur cette situation.

- Quand pensez-vous inverser la courbe de la participation active aux scrutins ?

- Je sens un peu d'ironie dans votre question. Non ?

Je rêve bien sûr que dès la prochaine élection en septembre les électeurs soient plus nombreux mais la vraie échéance sera à l'occasion des prochaines législatives. Là, vous pourrez mesurer si les choses ont bougé ou non.

La salle était étonnamment « studieuse ». L'absence d'exposé au début faisait que les réponses prenaient plus de relief et chacun notait les aspérités qui lui paraissaient importantes. La première heure s'était passée très rapidement.

- Je m'engage à venir devant vous régulièrement pour évoquer l'évolution de nos travaux. Tous les mois environ.

Une dernière question ?

- Monsieur le Ministre, d'après certaines d'informations, vous auriez fait un golf l'après-midi de votre premier conseil ? Etait-ce vraiment approprié ? Ne donnez-vous pas une image de nanti, de riche au milieu d'un gouvernement de gauche à la peine.

Le journaliste du « Petit Impertinent » avait sagement attendu toute la conférence de presse avant de placer son attaque. Le silence se fit d'un seul coup plus pesant. Chacun retenait sa toux, son souffle même. Villeneuve réprima un léger énervement.

- Vous êtes très bien informé. J'ai effectivement honoré un engagement pris de longue date avant ma nomination. Un engagement qui dure depuis plus de dix ans deux fois par an. Engagement que je ne le regrette pas.

Une partie de golf au profit d'une association caritative reconnue d'utilité publique qui aide les femmes malades du cancer dans les hôpitaux à se sentir plus belles.

Je profite d'ailleurs de votre question pour faire de la publicité pour cette ONG formidable et pour les femmes qui la gèrent depuis plus de vingt ans avec autant d'opiniâtreté. Soutenez-les, faites de la publicité dans vos différents médias parce qu'elles le valent bien.

Accessoirement, j'y ai croisé des citoyens qui ont aussi un avis et un vécu sur les élections….

Villeneuve laissa échapper un mince sourire. La conférence se termina sur cette grenade qui avait explosé dans les mains de celui qui l'avait lancée. L'arroseur arrosé.

Le Ministre sortit de la salle pendant qu'Isabelle saluait un certain nombre de contacts qu'elle avait connu dans sa vie antérieure.

Cette conférence de presse avait été originale, en décalage complet par rapport aux codes de la profession. Les journalistes repartaient vers leur rédaction avec le dossier préparé pour eux. Un peu étonnés quand même.

CHAP 20

Mardi 7 Avril 8h30

« _Je ne sais pas vraiment où je vais_ » avoue le tout nouveau Ministre des Citoyens titrait le principal journal de l'opposition de droite. Rien de bien nouveau sur le fond. Il est à l'image du reste du gouvernement. Il ne sait pas où il va. Peut-être tout juste avons-nous pu noter un nouveau style. Ce Ministre n'a aucune connaissance du monde politique. Il imagine que l'on peut gérer notre pays comme une entreprise. Quelle découverte !

« _Je ne suis pas du tout sûr de réussir à faire bouger les lignes_ » indique le Ministre des citoyens titrait un journal du centre. Est-ce de la prudence ou une prophétie ? Ce Ministre est un pur OVNI, certes au ton décalé mais n'est-ce pas une manœuvre du pouvoir en place pour nous faire perdre le fil des choses importantes ? Nous attendions mieux de ce nouveau gouvernement.

« _J'entends dire qu'il faut garder tous les « avantages acquis »…. cela fait peur_ a martelé la dernière recrue du Président » titrait le porte-drapeau de la gauche pure et dure. Ce nouveau Ministre a un langage différent mais il reste parfaitement fidèle aux orientations actuelles de cette gauche libérale qui nous opprime. Il ne faut pas que les citoyens s'illusionnent. Ce Ministre n'est pas pour eux. Il n'est pas pour nous

« _Le Président a donc parfaitement raison de se pencher activement sur cette situation_ a souligné le tout nouveau Ministre des Citoyens » titrait l'un des supports favoris du pouvoir. En ligne avec le Président, Villeneuve a démontré avec un style très personnel que des réformes étaient probablement nécessaires pour ramener les citoyens vers les urnes. Et qu'il allait s'y atteler avec conviction et énergie.

Le Président repoussa la revue de presse que lui avait préparée son cabinet sur un coin de son bureau. L'air songeur. Alex avait peut-être raison après tout. Villeneuve avait passé ce premier test avec pas mal d'habileté. Dans quelques heures, le grand public allait découvrir les commentaires concernant cet « OVNI ».

Le Président sortit de son bureau et pris le chemin de Bruxelles, comme il le faisait au moins deux fois par semaine....

- Que penses-tu des réactions de la presse Isabelle ?

- Très convenues en fait. Leur réaction est avant tout « politique ». Ils parlent à leurs lecteurs et servent ce qu'ils ont envie de lire. Chacun s'est positionné en fonction de son camp ce qui n'a rien d'original. Les citations étaient soigneusement choisies pour étayer leurs positions. Aucune surprise.

Le seul commentaire commun quelles que soient leurs convictions est qu'ils ont tous reconnu que ton style est nouveau. C'est un très bon point car au total, ils te voient différent. Nous allons capitaliser là-dessus. C'est très bon.

- On fait quoi maintenant ?

- Je me demande s'il ne faudrait pas inviter un journaliste à t'accompagner sur plusieurs mois…

- Tu as le moral je vois, tu crois que cela va durer aussi longtemps ?

- A mon avis minimum jusqu'aux résultats des élections d'automne c'est-à-dire début octobre. Six mois. Je les vois mal te débarquer avant sauf bien sûr si tu es l'objet d'une quelconque polémique.

- OK, trouve l'oiseau rare qui ne soit pas trop marqué ni à gauche ni à droite

- Il faudra peut-être aussi accepter une radio un matin ?

- Trop tôt, je ne vais pas répéter ce que j'ai déjà dit hier. Attendons de voir ce que nos rencontres « citoyens » vont donner

Chacun avait le sourire dans l'équipe.

- Où en es-tu du site Marion ?

- Il sera prêt d'ici la fin de la semaine si la maquette prévue pour demain soir est acceptée.

- Ouah ! Fin de la semaine ?

- Et je peux ouvrir un blog dans les mêmes délais.

- Parfait. Nous pourrons poster les premières idées après la réunion dans le 93. Jérôme, cela avance-t-il comme prévu ?

- Normalement, nous aurons une vingtaine de personnes comme prévu. J'y retourne tout à l'heure pour la sélection. Mon seul problème a été d'obtenir que les autorités locales, élus, préfet, maire n'assistent pas à notre réunion. Nous serons seuls mais en contrepartie, j'ai accepté de leur faire un débriefe dans la foulée.

- C'est génial dit Isabelle car comme cela, ce sont eux qui diffuseront les premières infos.

- J'ai hâte d'y être

- Différents médias étrangers t'ont sollicité ajouta Isabelle. Je te conseille d'accepter un journaliste américain. Je le connais. Il intervient pour plusieurs supports new-yorkais.

- OK, creuse un peu pour l'accompagnement et la rencontre avec l'américain. Et bravo Marion, je ne savais pas que l'on pouvait aller aussi vite pour lancer un site.

- Le cabinet du Premier Ministre m'a demandé de prévoir un discours devant l'assemblée, avant un mois ajouta Corinne

- On a le choix ?

- Pas vraiment....

CHAP 21

Mardi 7 Avril 18h45

- Désolé pour l'attente. Le Ministre vous attend à l'intérieur.

Jérôme sortit de la salle de réunion son ordinateur à la main. Les élus qui attendaient depuis un bon moment déjà se levèrent brusquement. Le député de la circonscription, le maire avec deux de ses adjoints et le président du conseil de département qui avait absolument tenu à être là. La réunion devait se terminer à 18h et il était déjà presque 19h.

Il faisait bien chaud dans la salle après presque trois heures de débats. Les quelques vingt-cinq personnes présentes avaient l'air plutôt souriantes et détendues. Villeneuve se leva pour accueillir les arrivants

Je vous remercie infiniment pour votre patience. Messieurs les élus, prenez un siège. Tout d'abord dit-il en se tournant vers eux, je vous remercie de nous avoir aidé à monter cette réunion. C'était parfait.

Ensuite, je voudrais vivement remercier les dix-neuf citoyens qui ont répondu présent et qui se sont exprimés tout à fait librement. Très honnêtement, vous m'avez impressionné leur dit-il. Vous avez des idées et des convictions et vous avez su très simplement les partager avec nous. Vous avez fait de cette première une réussite. Merci encore.

Villeneuve et son équipe se mirent à applaudir, vite rejoints par les élus. Les applaudissements, ça ne mange pas pain !

Corinne va vous raccompagner et nous allons faire une pause technique avant la suite dit-il en se tournant vers les élus. Jérôme est en train de préparer un très court résumé comme nous nous étions engagés à le faire.

La salle se vida rapidement, les élus en profitant pour saluer les uns et les autres. Villeneuve retrouva Jérôme qui s'était attablé dans un coin de l'accueil pour finaliser la restitution sur différents tableaux.

- Combien de temps encore

- Quelques minutes c'est bon

Villeneuve retourna dans la salle.

- Est-ce qu'en attendant vous acceptez un verre Monsieur le Ministre ? demanda le maire

- Non, je vais me contenter d'eau. Pendant que Jérôme branche son ordinateur sur le projecteur, je vous explique notre approche.

Nous avons organisé deux sessions différentes, une relative au personnel politique, une relative aux élections. Bernard ne voyait pas les intervenants pour bien leur montrer que leurs commentaires étaient strictement anonymes et il notait les verbatim quand je les jugeais corrects et nouveaux. Chaque citoyen parlait au moins deux fois par session, certains plus, c'est le lot d'un groupe.

Ensuite une fois les sessions finies, Jérôme a repris toutes les phrases et en a fait une très courte synthèse « brute » que je vais découvrir avec vous.

- On commence dit Jérôme par ce qu'ils pensent des politiques (en l'occurrence les députés) en négatif d'abord. J'ai plus de quarante phrases mais je n'ai mis que celles les plus citées :

Cela doit bien nourrir son homme car ils se battent pour y aller/ ils sont prêts à promettre n'importe quoi pour être élus/toujours des promesses et pas de véritables réalisations/rien ne change depuis 30 ans/une fois élus ils ne font pas ce qu'ils avaient dit qu'ils feraient/ils sont payés cher pour ce qu'ils font/on ne les voit jamais sauf le mercredi à la télé et avant les élections/ils ne connaissent pas nos problèmes car ils vivent dans un autre monde/ils sont tous copains entre eux/ce qui compte c'est qu'on les voit à la télé où dans les journaux/

- En positif ensuite :

Ils ne sont pas écoutés par l'exécutif.

- Oui désolé, il n'y a pas beaucoup de positif

Villeneuve se tourna vers le député. Un peu dépité le député ! Pas très content non plus.

- Ne le prenez pas pour vous tempéra Villeneuve mais tout ce que nous entendons par ailleurs va dans le même sens.

De plus, il n'y a surtout rien de personnel dans leur critique car seulement 4 personnes sur 19 ont pu nous écrire votre nom sur un papier au démarrage de la réunion alors que 16 ont pu citer le nom du maire. Désolé pour vous Monsieur le Président du département mais nous n'avions pas demandé s'ils vous connaissaient.

- Sans vouloir critiquer votre méthode attaqua Ortola le député, qui vous assure que ces dix-neuf citoyens représentent correctement les presque soixante-quinze mille inscrits de ma circonscription ?

- La sélection a été faite en équilibrant les âges par rapport à la pyramide de la population, en équilibrant les sexes et en piochant dans les trois différents quartiers de la commune. Nous avons aussi vérifié que ces électeurs parlent et comprennent le français. Pour le reste, nous nous en sommes remis au hasard. Par tirage au sort.

- Ils pourraient donc être tous du même bord politique ? insista Ortola

- Oui et alors ? Nos questions n'avaient rien à voir avec leur couleur politique.

Ortola était depuis le début sur un mode sceptique et cela n'était pas parti pour s'arranger

- Les élections maintenant, en négatif pour démarrer :

Au total, ça ne sert pas à grand-chose/ On voudrait donner notre avis différemment/ Aucun des candidats ne m'inspire confiance/ Les programmes ne sont pas vraiment clairs/on ne comprend pas vraiment qui fait quoi entre les élus européen, nationaux, régionaux/ Le calendrier actuel des élections n'est pas logique.

- « Tout ça pour ça » éclata Ortola qui manifestement ne pouvait plus se retenir

Vous avez passé trois heures pour recueillir des banalités, des réflexions de café du commerce, des choses que l'on connait depuis la nuit des temps. Vous auriez pu vous dispenser de venir et d'organiser tout ce « tralala » pour nous servir cette soupe insipide insista Ortola

Villeneuve se tourna vers Jérôme comme si de rien n'était :

- En positif maintenant et je vous réponds ensuite M. le député

Les élections sont la base de la démocratie/ Je vote quand je pense que c'est utile de le faire, que ça sert à quelque chose/ On devrait voter plus régulièrement mais sur des choses plus compréhensibles/ On pourrait voter le même jour pour plusieurs choses différentes/ Voter n'est pas le problème, c'est pour qui ou pour quoi qui est le problème/Il y a des sujets locaux qui ne demandent pas de décision nationale

Villeneuve se tourna ensuite vers les élus

- Vous avez compris maintenant j'espère qu'il était important d'aller jusqu'au bout de cette mini restitution.

Vous me faites d'ailleurs regretter de ne pas vous avoir demandé à l'avance ce qu'ils allaient dire mais je suis persuadé que vous n'auriez pas sorti tout le côté positif des élections. Ces français viennent de dire qu'ils trouvent important de voter. C'est fort ce message quand même non ?

Quant à votre remarque, je vous renvoie à la question suivante : si j'avais écrit seul ces phrases dans mon bureau parisien, vous auriez pu (très justement je pense) me dire que c'était du niveau du café du commerce.

Là, ce sont vos électeurs qui l'on dit.

Ortola se senti coincé par la logique de la réponse et se calma

- Le plus important à mes yeux enchaina Villeneuve, c'est que vos concitoyens aiment les élections et s'ils ne votent pas, c'est parce que le pour qui ou le « pour quoi » ne leur parle pas.

Comme d'habitude, le diable est dans les détails mais fondamentalement cela démontre que la démocratie représentative peut encore très bien fonctionner.

La réunion se termina un moment plus tard. Lorsque les deux voitures qui avaient amené leurs visiteurs reprirent leur chemin vers Paris, les élus se retrouvèrent dans le bureau du maire. Même s'ils restaient manifestement sur leur faim ils durent convenir que la démarche était intéressante à défaut d'être spectaculaire. En fait, ils étaient déçus car ils avaient imaginé qu'un voile se déchirerait comme par magie et induirait immédiatement une solution. Pas si simple….

Villeneuve se tourna vers Bernard qui était assis à côté de lui au fond de la voiture.

- Qu'en penses-tu ?

- J'ai eu peur à la fin de la première partie. Ils ont vidé leur bile de façon vraiment très intense. C'était limite violent.   C'était beaucoup mieux ensuite pour la deuxième session.

- J'ai trouvé la fin très très encourageante car fondamentalement ils nous ont clairement dit qu'ils n'ont pas de problème avec les élections et qu'ils respectent la démocratie qui y est attachée.

Quand ils ont dit qu'ils voulaient savoir « pour qui » et « pour quoi », un fait m'est revenu à l'esprit.

Ma voiture est assurée dans une mutuelle qui périodiquement me demande de voter pour des délégués départementaux. Je me souviens que lors de la première sollicitation il y a près de 40 ans, j'avais examiné avec attention les programmes (quasi identiques) et les noms, ainsi que les métiers des candidats. J'avais choisi les noms d'une façon tout à fait improbable, en fonction du patronyme, du métier, que sais-je ? J'avais eu peu honte. Depuis, à chaque nouvelle demande, je jette les papiers sans répondre parce que je ne comprends pas le « pour quoi » et le « pour qui ». Et ma mutuelle fonctionne très bien sans mon vote !

- En réalité, on ne se sent vraiment concerné que si et seulement si on comprend (ou croit comprendre) le pourquoi des choses. Là, pour les élections législatives, les européennes et les régionales, il y a fondamentalement un manque de compréhension des enjeux.

- On verra en Ardèche qui vote proportionnellement beaucoup plus si les critiques sont les mêmes, déclara Corinne qui était assise à côté du chauffeur

- Oui et peut être que notre tournée « terrain » n'aura pas besoin de faire tous les départements ajouta Bernard. Par contre, il ne faudra pas oublier les élus locaux

- C'est dommage dit Dimitri à qui personne ne demandait rien, j'aurais bien aimé aller en Corse….

- Personne n'a encore dit que l'on avait besoin de vous en province répondit Corinne d'un ton un peu sévère.

- Bah, si. La sécurité du Patron c'est mon problème tout de même rétorqua Dimitri

- Cool les jeunes, on décidera demain comment on s'organise. Après une bonne nuit de repos bien méritée

La voiture arriva sur le périphérique et chacun s'absorba dans ses pensées....

CHAP 22

Mercredi 8 Avril 13h30

Retour au bureau après un conseil des ministres aussi peu inspirant que le premier ! Je ressens comme une chape de plomb sur ce gouvernement. Je sais que cela n'est jamais facile du tout de « faire bouger les lignes » comme on dit de façon moderne, même dans une entreprise privée où pourtant les décisions sont infiniment plus rapides.

Mais lorsque la volonté réelle est modeste (la volonté affichée, elle, est toujours énorme !) et que les freins de toutes sortes sont grands, cela s'apparente à du surplace !

L'immobilisme ressenti de la matinée me donne des fourmis dans les jambes. J'avais décidé d'attendre pour revoir les journalistes mais la réussite de la première rencontre avec les citoyens me donne des ailes. La première demi-heure a été extrêmement pénible mais une fois que les citoyens présents eurent compris que nous étions sincères, la suite s'est bien déroulée et les verbatim recueillis sont très riches.

Je vais donc accélérer. C'est probablement par le biais des journalistes que l'on peut le mieux instiller le changement ou au minimum en démontrer la volonté.

Je découvre avec un peu d'étonnement quand même que s'il le veut, un ministre peut probablement passer la plus grande partie de son temps avec les médias.

N'avais-je pas lu d'ailleurs qu'un très célèbre Ministre de la Culture avait tenu près de 3 conférences de presse en moyenne par jour pendant sa mandature ! Pour, après coup, des résultats dont tout le monde loue la qualité….

La liste des demandes d'interviews est tout à fait impressionnante. J'avais imaginé (et craint aussi) que les sollicitations des médias soient nombreuses mais là c'est la folie.

En fait, la vie politique apporte tellement peu d'innovations depuis des décennies que les journalistes sont à l'affut de la moindre aspérité. Pour une fois que le « ronron » habituel ne leur laissait pas que des commentaires sur les petites phrases et des querelles infinies sur la sémantique des mots employés….

En regardant la liste de demandes d'interviews que Corinne et Isabelle m'avaient préparée, je décide de choisir le jeune journaliste américain. Je l'avais vu listé lors de la conférence de presse mais il n'avait pas posé de question.

Sa demande d'interview avait un angle original : le travail en cours du ministère allait il s'inspirer des qualités du système américain et le système américain pouvait il profiter en retour de l'étude ?

J'appelle directement Matthew sur le numéro de portable qu'il avait donné et il reste sans voix avec mon appel direct

- Jacques Villeneuve au tél, bonjour Matthew

- ……

J'enchaine immédiatement dans sa langue et il me répond de même, carrément déboussolé

- Hello M. Villeneuve

- Je suis OK pour vous recevoir. Dans une heure, ça va ? Ici au ministère.

- OK ? j'arrive.

J'appelle Isabelle pour qu'elle assiste à l'entretien. J'ai toujours pratiqué ainsi, un témoin muet qui évite au journaliste de se « laisser aller » dans sa restitution. Enfin, en théorie….

- J'ai pensé que ce journaliste américain pourrait peut-être être celui qui va m'accompagner car par définition il ne sera ni à gauche, ni au centre, ni à droite. Qu'en penses-tu ? On l'écoute et si le courant passe, tu lui proposes en fin d'interview ?

- C'est peut-être une bonne idée répond Isabelle prudente

Matthew arrive légèrement en avance. J'avais fait préparer de l'eau et du thé au cas où. Trop tôt pour un bourbon ou un verre de chardonnay !

- Fait-on l'interview dans ma langue demanda-t-il en me serrant la main

- Si vous mettez en avant bien clairement que ce n'est pas ma langue maternelle, je veux bien essayer. Cela me fera du bien de pratiquer à nouveau.

Nous prenons le thé tranquillement et il nous explique que, New Yorkais de naissance et d'éducation, il est à Paris depuis 18 mois pour le compte de différents supports économiques et aussi « grand public » de la côte Est, y compris et surtout des supports « internet »

- Peut-on revenir sur votre nomination ?

- Je n'ai rien de plus à vous dire que ce que j'ai dit la semaine passée

Mauvaise pioche. Décidemment, il démarre comme les autres.

- Question suivante alors. Pensez-vous vous inspirer du fonctionnement de la démocratie américaine ?

- Comme je l'ai déjà précisé, nous allons travailler dans deux directions complémentaires.

Ecouter nos concitoyens électeurs et comparer notre système avec celui des autres démocraties. Il est donc bien clair que la comparaison avec votre système sera étudiée, à la fois pour ce qui concerne les élections et pour la gouvernance d'une façon plus générale.

- Est-ce à dire que votre lettre de mission déborde du strict travail sur le niveau d'abstention pour aller jusqu'à revoir le mode de représentation et la gouvernance de votre pays ?

- Vous allez un peu vite en besogne mais fondamentalement oui.

Si une des solutions pour intéresser plus les citoyens est de revoir la façon avec laquelle ils sont représentés, alors je serai force de proposition pour présenter des modifications au système actuel. Vous comprenez bien que ce n'est pas un objectif obligatoire mais cela pourra être abordé si nécessaire.

Isabelle me passe un papier. « Tu vas un peu fort »

- Qu'est-ce qui vous parait bien dans le système américain ?

- Je vous rappelle que j'ai été nommé il y a exactement une semaine et que mon équipe a été constituée depuis 4 jours. Vous répondre déjà sans y avoir vraiment travaillé ne serait pas sérieux.

- Vous allez aller à la rencontre des électeurs mais vous avez déjà une petite idée non ?

- En fait, nous avons eu une première réunion qui a été particulièrement riche et on ressent clairement plusieurs problèmes, confiance (ou défiance selon d'où on se place), compréhension des enjeux. Il y a un assez grand fossé entre le monde politique toutes tendances confondues et les citoyens. Nous en saurons plus dans quelques semaines

- Vous allez faire un peu comme les états généraux au moment de la révolution française ?

- Malgré le prestige de la référence que vous prenez, je répondrai oui et non car l'environnement a complètement changé. Les états généraux listaient en premier lieu les problèmes vécus et ressentis par un petit nombre de citoyens (ceux qui étaient éduqués) mais le sujet de leur représentation n'était pas encore central à ce moment. Et puis maintenant, le numérique et l'image ont pris le pas sur l'écrit et l'oral. Il y a deux siècles, quelques milliers de personnes pouvaient débattre. Aujourd'hui, plusieurs dizaines de millions de citoyens veulent se faire entendre.

- Ces rencontres seront-elles suffisantes ? Ne faudrait-il pas mettre en route une commission d'experts sur ce sujet ?

- Une commission serait parfaite pour enterrer le sujet et donc je n'en vois pas vraiment l'utilité. Nos idées et nos propositions auront bien sûr besoin d'être « challengées » mais je n'ai aucun doute que le gouvernement et le parlement y pourvoiront...

Pour le reste, nous allons peut-être utiliser le web pour accélérer les choses. Savez-vous que nous ouvrons un site web bilingue dans les heures qui viennent ?

- Déjà ?

Matthew est vraiment sympathique. Très organisé, très professionnel.

- Quel est votre agenda personnel ?

Je regarde intensément mon interlocuteur. Je ne m'étais pas préparé à cette question directe. C'est vrai que dans tout job, il faut penser au « coup d'après ». Là, je ne me suis pas encore projeté dans l'avenir. Dans quatre mois, cela peut être plié ! Cela va certainement l'être d'ailleurs.

La langue de bois reste la meilleure option quand on n'est pas bien sûr de la réponse :

- Après ce projet, retour au golf

Matthew éclate de rire très poliment

- Même réponse que tout à l'heure. Trop tôt pour en parler. Mais je m'engage à vous le dire quand je saurais.

Nous échangeons un regard avec Isabelle pendant que Matthew vérifie son enregistreur. Je lui fais comprendre d'y aller.

Je laisse Isabelle lui faire la proposition : il m'accompagnerait une journée par semaine (choisie par nous en accord avec lui) pendant 3 mois et réaliserait à chaque fois un point d'étape sous forme d'interview.

- Vous êtes sûr de vouloir faire cela avec moi ? demande Matthew un peu étonné

- Vous êtes neutre vis-à-vis du sujet et c'est juste parfait. D'autre part, j'apprécie votre façon d'aborder directement tous les sujets. J'adore cette efficacité typiquement américaine.

- Mais vous n'aurez pas l'écoute que vous auriez eue avec un journaliste et un support français.

- Ce n'est pas sûr

- En anglais ou français ?

- Pourquoi changer ? L'anglais est assez universel non ?

- Alors c'est d'accord. Je préviens mes différents supports. Ça va être un super scoop. Merci.

Je laisse Isabelle le briefer sur les modalités pratiques et sur l'agenda des prochaines semaines. Déjà, on va l'emmener en Ardèche. Cela lui fera au minimum une belle balade dans une très belle région.

CHAP 23

Jeudi 9 Avril 12h45

L'atmosphère un peu surannée de ce bistrot parisien au décor des années 30 me plait vraiment. Situé près de la Place de Clichy, j'ai compris qu'aux yeux de Dimitri c'est quasiment un endroit de perdition ! Toujours prudent et inquiet, ce dernier m'avait mis en garde. Attention, vous risquez de vous faire aborder. Pourquoi pas un restaurant d'un palace proche de l'Elysée où l'isolement et le calme sont garantis ? Ou un restaurant étoilé habitué aux déjeuners de ministres...

Une vraie Nounou ce Dimitri. Une nounou d'un mètre quatre-vingt-quinze et de cent kilos !!! Qui pour l'instant se désaltère au bar en me jetant de temps à autre un coup d'œil.

Gérard vient d'entrer et il ne m'a pas encore vu. La patronne l'amène à ma table.

- J'espère que je ne suis pas en retard Jacques, le métro...

- Pas de problème, je viens d'arriver.

- Je m'en voudrais terriblement de devoir faire attendre un ministre de la République ! ajoute-t-il avec un grand sourire

- Ça y est. C'est fini ?

- Content de te voir. C'est fou ton histoire quand même. Nous n'avons pas vraiment parlé au golf. Au fait, je n'ai pas encore eu le temps de faire ton petit travail de vacances…

- Ne t'inquiète pas, je n'ai pas organisé ce déjeuner pour cela

Nous rions tous les deux. Après avoir commandé, je lui donne quelques informations sur mon arrivée au ministère. Je lui précise bien qu'il ne s'agit pas d'un engagement politique car sa sensibilité est plutôt à droite voire très à droite ! Je lui explique que c'est un ex collègue de boulot qui m'a sponsorisé pour cette mission… Un mensonge pieux.

J'ai souhaité le revoir vite car il a passé les quinze dernières années de sa vie professionnelle dans les Renseignements Généraux et je sais qu'il y a gardé de solides amitiés.

- Au-delà du grand plaisir de te voir et de partager un bon déjeuner, j'ai un service à te demander. Personne ne doit savoir qui te le demande bien sûr. Si tu ne peux rien obtenir, c'est tout sauf grave !

- Explique et si je ne peux rien, je te le dirai.

- Mon chauffeur m'a dit que tous ses déplacements sont scrupuleusement notés et que les carnets de bord sont gérés par le service qui s'occupe de la flotte de véhicules ministériels à Matignon, leur GPS donnant une info précise sur tous leurs trajets.

Gérard me regarde avec attention. Nous sommes un instant distraits par l'arrivée de l'entrée, ris de veau, rognons et champignons dans une sauce crème à tomber.

- Je souhaite retrouver qui était le passager officiel ou non d'un véhicule très probablement géré par

Matignon. J'ai la date, l'heure, le lieu et bien sûr l'immatriculation de la voiture.

- Une histoire d'adultère ?

- Moins tu en sais, mieux c'est. Si tu réussis à me donner un nom, personne ne saura jamais comment je l'ai obtenu. Il n'y aura pas de témoignage à faire, pas de suite officielle.

- C'est urgent ?

- Non pas spécialement. J'aimerais savoir, c'est tout.

- C'est pour toi ?

- Oui.

- Je connais la personne en cause ?

- Non.

Gérard se recale dans le fond de sa chaise, prend son verre et déguste avec application le « Côtes du Rhône » que la patronne a choisi pour nous. Je le laisse réfléchir tranquillement à ma demande.

- Ça devrait être jouable. J'ai un ancien équipier proche de la retraite qui suit plus particulièrement tous les personnels d'exécution de l'administration centrale. Pour dépister notamment les éventuels candidats au suicide voire au jihad. Il repère les gens un peu tordus, un peu fragiles. Ça lui donne accès un peu partout. Je lui dirai qu'il s'agit d'un problème d'adultère, c'est assez fréquent.

Le plat de résistance arrive et nous passons à autre chose. Au golf qui est une passion commune et pour lequel nous partageons de trop rares journées. Il me raconte les derniers parcours qu'il a faits.

- Tu vas mettre le golf entre parenthèses j'imagine ?

- Oui et non. Je vais sans doute lever le pied mais je me refuse à ranger mes clubs pour plusieurs mois. C'est trop dur ensuite pour récupérer. D'ailleurs, j'aurai sans doute quelques week-end de libres et je te ferai signe.

- Ce n'est pas trop dur ce nouveau statut ?

- Tu peux constater par toi-même qu'aujourd'hui personne ne me connait. Les seuls qui sont un peu perturbés sont ma famille et mes amis. Mais sinon non. Je n'ai rien changé à part mon chauffeur garde du corps qui me suit partout

Je fais un signe à la patronne pour prendre l'addition.

- Je vais payer également le repas du grand jeune homme qui prend son deuxième café au bar et qui m'attend.

Elle me détaille du regard avec encore un peu plus d'attention. Non décidemment, elle ne connait pas ce client avec chauffeur.

CHAP 24

Lundi 13 Avril 8h15

François Bizot arriva presque en courant dans l'aile où se trouvaient les bureaux de son ministère des citoyens.

- Il est là Jacques ?

- Oui Monsieur le Premier Ministre

Le temps pour l'assistante de prendre son téléphone, il était déjà entré dans le bureau de son patron

- Salut Jacques, je peux te déranger ?

- Bonjour, oui bien sûr, pas de soucis, assied toi

- C'est quoi le plan avec ce journaliste américain ? demanda-t-il en restant debout en proie à une vive agitation.

Villeneuve referma tranquillement le dossier qui était étalé sur sa table, l'air plus interrogatif qu'inquiet.

- Quel plan ?

- Ton accompagnement pendant plusieurs mois

- Je n'ai pas encore lu son papier mais c'est vrai que nous lui avons donné notre accord pour qu'il s'immerge dans notre fonctionnement pendant un certain temps

- Ça rime à quoi exactement ? Honnêtement je ne comprends pas. En anglais en plus ! Un ministre de la république Française !

- Si tu me donnes quelques minutes je t'explique, assied toi s'il te plait

Bizot s'assit un peu à contre cœur sans toutefois être calmé.

- Tu sais à quoi servent vraiment les consultants dans les grands groupes ?

- ???

- A dire haut et fort ce que certains voudraient dire mais qui ne peuvent pas le faire sauf à affronter une levée de boucliers en interne.

Ce sont les hérauts modernes, les catalyseurs du changement, les alibis extérieurs.

Tu veux changer ton organisation dans tel ou tel domaine, tu briefes un consultant qui va te restituer cela avec force benchmarks et justifications après une trentaine d'interviews avec ton équipe. Avec aussi une présentation hyper soignée faite pour convaincre. En prime, ils ont parfois aussi de véritables bonnes idées... Pas très souvent, mais quand même.

- ??

- En politique, les journalistes d'opinion dits analystes politiques jouent plus ou moins ce rôle avec la difficulté particulière qu'ils ne veulent pas qu'on leur dise quoi dire. Sur le fond, ils font vraiment la même chose mais plus ou moins bien devrais-je dire car de temps en temps, leur sensibilité politique les amène à amplifier voire déformer les messages, en croyant bien faire.

Les journalistes d'opinion sont les consultants du pouvoir.

Ils analysent, comparent, donnent leur avis, distribuent les bons et les mauvais points. C'est pour cela que les gouvernants sont si proches d'eux. Les plus malins s'en servent…

Bizot regardait Villeneuve comme un médecin psychiatre devait regarder un fou lui expliquer la situation internationale.

- Je ne suis pas clair ?

- Honnêtement, j'ai un peu de mal à voir où tu veux en venir

- A un moment ou à un autre, mon ministère va avoir à affronter le changement, à devoir vendre des idées qui vont déranger. J'ai choisi un consultant neutre pour le faire.

Si j'avais pris un journaliste français, il y aurait mis sa patte, il aurait, sans forcément le vouloir d'ailleurs, déformé les choses. Là, ce journaliste est parfaitement neutre. Il va nous aider.

Bizot se passa la main sur le visage. Villeneuve le regardait en souriant, détendu. Bizot se figura un instant en train d'essayer de ramasser à mains nues un hérisson. Incroyable ce type, il avait réponse à tout.

- Que va dire l'Elysée ?

- Est-ce important ?

- Je ne sais pas, je ne sais pas, je ne sais plus….

Bizot était arrivé fâché de ce qu'il voyait comme une faute de débutant et remonté de ne pas avoir été consulté. Il découvrait en fait une vraie stratégie, précise et carrée. Il ne l'avouerait jamais bien sûr mais il était vraiment impressionné. Sa colère venait de voler en éclat.

- OK Jacques, tient moi au courant….

Bizot quitta le bureau aussi vite qu'il était arrivé.

Villeneuve resta un moment immobile analysant les dernières paroles de son Premier Ministre. Au courant de quoi ? Bizot avait eu l'air surpris de son explication. Etonnant car il était l'un des plus doués avec les médias. Peut-être donc plus par instinct que par démarche organisée.

Villeneuve jeta un coup d'œil sur son portable afin de voir l'heure. Plus que quelques minutes de calme avant la prochaine réunion….

Mercredi 15 Avril 10h45

- Bonjour Alex, tu te fais rare en ce moment !

Alex se faufila dans la voiture où se tenait son contact du moment, au troisième sous-sol du parking d'un hôtel proche de l'Elysée

- Je ne t'étonnerai pas en te disant que c'est un peu la surchauffe en ce moment. Plus ça va et plus on bosse, pire c'est ! Imagine un peu quand la neige devient de la soupe et que tes skis touchent la terre ! On fait du surplace et pousser sur les bâtons ne sert à rien. Mais les grands chefs ne peuvent pas par définition rester sans rien faire et nous les bâtons, on s'agite en pure perte.

Alex et son ami s'esclaffèrent un instant sur cette parabole pleine de dérision.

- Ne me dit pas que tu m'as convoqué pour me rappeler nos week-end d'étudiants à la neige

- Qui sait, le dernier que nous avions fait était plutôt « sportif » et il n'a tenu d'un rien qu'il ne se termine à la gendarmerie locale…

- Tu as donc encore besoin de moi

- Oui et non, pas officiellement en tous cas. Nous ne nous sommes pas vus aujourd'hui. Et d'ailleurs si besoin, je jurerai avec la dernière énergie que nous sommes fâchés depuis ce Noël de triste mémoire…

- OK Alex, vas-y, je n'ai pas d'enregistreur

- Je sais, je te fais autant confiance que tu as pu le faire vis-à-vis de moi par le passé.

Voilà, je vais te donner un nom. Tu feras comme la dernière fois.

- Et les frais ?

- Je ne sais pas de quoi tu parles.

L'ami d'Alex pris son visage dans ses deux mains en soupirant. Après un court moment, il se tourna vers Alex avec un signe d'assentiment.

- OK, le délai ?

- Pas d'urgence. Il faut du travail bien fait. Ciselé. Incontournable. Disons avant les congés d'été.

- C'est parti

- Merci. Tu m'envoies une carte postale de Mona Lisa au Louvre quand tu as fini et on se revoie ici le mercredi matin suivant à 11h avec le résultat. Pas de téléphone ou de mail. Rien.

- Pourquoi le mercredi matin ?

- C'est le jour du conseil des ministres, mon moment de détente….

Alex sorti rapidement de la voiture après une tape amicale sur le genou de son ami. La balle était lancée…

CHAP 26

Vendredi 17 Avril 20h45

C'était le moment de la fin de journée entre chiens et loups. Le Falcon amorça un virage au-dessus de la mer de façon à se présenter face à l'est sur la piste de La Rochelle. Villeneuve pensa immédiatement que c'était bon signe pour le week-end à venir car le vent d'est était très souvent annonciateur de beau temps sec dans cette région qu'il connaissait bien. Les passagers somnolaient plus ou moins après la traversée de la France depuis Valence et Villeneuve très attentif aux manœuvres de l'appareil les incita en vain à admirer l'ile de Ré et son pont déjà illuminé qui étaient parfaitement visibles sur la droite.

La journée avait été longue. Départ de Paris au petit matin pour la même équipe que celle de la Seine Saint Denis, Bernard, Corinne, Jérôme et Dimitri entouraient le ministre pour la deuxième rencontre citoyenne en Ardèche. Comme promis, le journaliste américain Matthew les accompagnait. Il s'était fendu d'un premier papier parfois un peu trop détaillé et élogieux au goût de Villeneuve mais qui reflétait assez fidèlement leurs premiers échanges.

Un avion du GLAM avait été programmé pour aller à Valence et ce même appareil allait retourner à Paris après un stop à La Rochelle pour déposer Villeneuve. Villeneuve et Matthew en fait qui souhaitait faire un papier d'ambiance sur l'Ile de Ré et qui avait juré de ne pas interférer sur la vie privée du Ministre.

Dimitri avait bien essayé de rester le temps du week-end prolongé pour « garder » son ministre mais cela n'avait pas été jugé nécessaire, Villeneuve étant toujours inconnu du grand public. Dimitri un peu boudeur et peu concerné par le feed-back de la réunion s'était donc endormi à l'écart.

Les deux réunions successives avec les citoyens en Ardèche avaient finalement été assez similaires à celles de la première journée. Le même besoin de « défoulement » au départ et ensuite des verbatim assez proches voire très proches. Les français au total réagissaient de façon plutôt homogène. La seule différence venait de citoyens en moyenne plus âgés qui étaient plus habitués aux élections (ou plus résignés ?) et qui se décourageaient moins facilement que les plus jeunes. D'où une abstention beaucoup moins forte. L'âge apparaissait donc comme un facteur positif de vote ce qui induisait que les jeunes souffraient probablement d'un manque de motivation, d'un manque d'information, d'un manque de formation à la citoyenneté. Ou d'une certaine impatience mâtinée d'incompréhension. C'est en priorité sur eux qu'il faudrait faire porter la probable nécessaire pédagogie. Peut-être aussi que les jeunes utilisaient plus internet et les moyens modernes de communication ? A voir dans le détail.

L'heure d'avion en commun avait permis de tirer les premiers enseignements et il devenait clair qu'il n'y aurait pas besoin de visiter les 101 départements français pour comprendre les motivations et les freins de nos concitoyens. Après une banlieue parisienne et un département encore très rural, il fut décidé de rencontrer uniquement trois autres groupes, le centre d'une grande ville active, une région très industrielle et un bord de Méditerranée où les séniors sont en grand nombre. Peut-être un département d'Outre-Mer ? Pas sûr. Encore trois ou quatre visites et cette partie « photographie » de l'existant serait sans doute assez complète. Suffisamment en tout cas pour commencer à comprendre les ressorts qui animent les citoyens au moment de voter.

Après, il faudrait sans doute aussi faire un tour de piste avec les élus locaux pour partager les résultats et les amender à la marge. Une réunion par région peut être. L'idéal aurait été d'utiliser le congrès annuel des maires pour faire des ateliers sur ce thème mais ce congrès était tard dans l'année.

Villeneuve préférait boucler une étude bonne à 90% en peu de semaines que d'arriver à 99% en deux ans beaucoup trop tard

Il salua son équipe qui repartait immédiatement pour Paris et retrouva son épouse qui était venu le chercher à l'aéroport. Ce premier week-end familial était le bienvenu après l'effervescence ininterrompue de ces derniers jours.

- Prêt pour un break complet où tu as apporté du travail demanda Michèle après un baiser de retrouvailles et un regard en biais pas très avenant à Matthew.

- Je te présente Matthew journaliste que l'on va déposer en passant à Saint Martin. Il a passé la journée avec nous et souhaite se détendre à Ré pour le week-end

- J'ai eu peur que tu n'amènes du travail !!

- J'ai juste mon premier discours à l'assemblée à préparer mais sinon c'est vélo, balades et piscine !!!

La voiture fila rapidement vers le péage tout proche.

Lundi 20 Avril 20h15

Les trois concertistes aussi gracieuses que talentueuses nous régalaient formidablement de leur musique dans cette salle du Louvre réservée aux soirées privées.

Isabelle avait obtenu d'un de ses très anciens contacts deux invitations pour assister à ce cocktail dinatoire. Des rencontres « informelles » d'environ une centaine de « happy few » responsables de budgets médias de grands groupes du CAC 40 et d'institutions aussi variées que la Croix Rouge, la Française des jeux ou l'ambassade des Etats Unis. L'organisateur de la soirée possède plusieurs radios dont la plus écoutée de France, 5 chaines de télévision et tout un arsenal de supports. Il avait aussi convié comme à l'habitude dans ce genre de soirée une petite brochette d'animateurs et de comédiens très connus, tous intervenant actuels ou futurs sur ses antennes...

- Je sais que l'ambassadeur des Etats-Unis ou au pire son premier conseiller sera là et cela peut être amusant que vous échangiez sur ton expérience avec Matthew...

Je n'avais pas été spécialement convaincu par l'argumentation d'Isabelle mais l'idée d'écouter du Bach et du Mozart m'avait séduite. Une pilule anti morosité après une journée au ministère aussi pleine qu'ennuyeuse.

En écoutant les envolées du piano, je repensais au déjeuner de ce midi avec Xavier. L'objectif pour moi reste toujours de comprendre le pourquoi de ma nomination. J'ai vraiment joué le naïf voire l'idiot (certains esprits espiègles diront que cela m'est très facile !) et à ma grande surprise, Xavier s'est un peu lâché.

- L'objectif était de trouver quelqu'un du business qui avait bien réussi et surtout qui était disponible immédiatement. Alex et moi avons listé tout un tas de frais retraités du CAC 40 et je passe bien évidemment sous silence le mode de présélection. Ensuite, vous avez vécu la sélection finale aux premières loges.

Je me suis bien gardé de relever mais l'apparition d'un nouveau nom me permet d'aller un peu plus loin dans ce laborieux « débobinage de fil ». Dès l'après-midi, Corinne m'a appris que cet Alex est un des conseillers historiques du Président, chargé de sa communication personnelle, ce qui en soi ne veut pas dire grand-chose.

- Pourquoi me poses-tu cette question demanda-t-elle ?

- Son nom est venu lors du déjeuner avec Xavier et j'étais juste curieux de savoir qui il était.

- C'est quelqu'un de très doux, presque effacé et honnêtement je ne connais pas vraiment ses attributions mais si le Président le garde auprès de lui depuis si longtemps c'est qu'il le trouve bon. Si tu veux le voir un jour, c'est un bon copain qui m'appelle régulièrement.

La musique s'interrompit un moment et je me tournais vers Isabelle et celui qui nous avait invités.

- Merci encore pour cette invitation dit-elle, c'est vraiment super

Au moment où je me préparais également à le remercier, un silence se fit. Le grand patron du groupe de communication hôte de cette soirée prit la parole :

- Je vous remercie pour votre présence et je ne vous dirai que quelques mots….

Je laissais couler son discours convenu sans y prêter attention jusqu'au moment où il nous dit :

- Evidemment je ne pouvais pas l'annoncer avant car la probabilité était très faible compte tenu des devoirs très lourds de sa charge mais notre Président de la République vient d'arriver, il nous fait le grand honneur d'être parmi nous pour ce moment d'exception et j'espère que cette soirée….

Le Président est là ! Je regardais Isabelle qui me fixa également avec un petit sourire

- Je pourrais te mentir et te dire que je savais mais non, je ne savais pas. Toutefois, je pense avoir reconnu une comédienne qui joue dans une série d'une des chaines du Groupe et cela ne doit pas être étranger à sa présence.

Des petits groupes se formèrent alors de façon désorganisée autour des buffets qui venaient d'être ouverts, chacun sans en avoir l'air essayant de croiser le dernier arrivant. Le Président retrouva assez vite la comédienne qui apparemment occupait actuellement son cœur et ses soirées. Il passa d'un groupe à l'autre, l'air important de celui très occupé qui se résigne à être convivial. Sa compagne et lui se dirigèrent vers le coin du buffet où Isabelle et moi étions réfugiés, l'entrainant à sa suite.

- « Bonsoir Monsieur le Président » dis-je en inclinant légèrement la tête lorsqu'il leva la sienne vers moi. Il me regarda fixement quelques instants cherchant manifestement ses mots.

- « Je te présente un de mes tout nouveaux ministres » dit-il à sa compagne.

CHAP 28

Lundi 20 Avril 21h00

Le Président savait que pour cette soirée là son Premier Ministre était occupé car il recevait une délégation de Chinois. Une histoire d'exportation de milliers de tonnes de lait infantile avec beaucoup de zéros à la clé. Il avait questionné à tout hasard sa ministre de la Culture pour savoir si elle était invitée à cette soirée – oui je suis invitée mais je suis retenu à Monaco pour un évènement très important avec le Prince et j'ai donc décliné – et donc il ne s'attendait pas à trouver un autre de ses ministres, surtout celui-là ! Après l'avoir présenté à sa compagne, il se ressaisit immédiatement et reprit le contrôle des opérations.

- Désolé de vous l'enlever dit-il à son entourage en prenant Villeneuve par le bras, une affaire urgente. Ils s'isolèrent à l'extrémité du buffet devant lequel ils étaient.

- Vous auriez pu venir me voir lui dit-il d'un ton sec

- C'était bien sûr dans mes projets Monsieur le Président mais vous savez que je suis un débutant en politique et je ne savais pas trop…. Villeneuve se rendit compte très vite que sa réponse était beaucoup trop longue et qu'il ramait littéralement

- Quand même, être nommé Ministre est un honneur je crois ? Et une surprise peut être ?

- Justement, c'est une question que, voilà….

Là encore, Villeneuve ne sut pas prendre une position claire. Ou attaquer bille en tête et lui poser la question qui le taraudait depuis des jours quitte à être débarqué le lendemain même, ou faire amende honorable et reconnaitre son erreur. En essayant de louvoyer, il se fit à nouveau couper la parole.

- Bien, prenez-rendez-vous avec mon secrétariat dès demain.

Le Président lui fit un sourire commercial que tout le monde put remarquer et lui donna une petite tape complice sur le coude. Il retourna illico vers sa compagne, assez content d'avoir donné une première leçon à ce pisse-froid.

Villeneuve rejoignit Isabelle beaucoup moins souriant. Sans l'avoir fait exprès, il avait l'air préoccupé de quelqu'un à qui on a confié une mission extrêmement importante.

- Alors, tu l'as ta réponse ?

- Rien du tout, il m'a juste fait remarquer que j'aurais pu, que j'aurais dû plus précisément, aller le voir. Il est étonnant et inattendu ce type. Pas spécialement bienveillant.

- En tout cas, il a ostensiblement affiché avec toi une grande complicité que chacun a pu remarquer. Et c'est très bon signe !

Le temps de ce court échange et plusieurs participants au cocktail qui ne connaissaient pas Villeneuve l'instant d'avant les entourèrent pour le féliciter de sa nomination récente. Il devint immédiatement la personne avec laquelle il fallait s'afficher. Différentes questions lui furent posées et il s'adonna avec application à cet exercice de communication nouveau pour lui.

Le patron du groupe invitant lui-même vint le voir en s'excusant de ne pas l'avoir reconnu immédiatement – mais l'ensemble de mes médias vous sont ouverts en cas de besoin mon cher ami – Faites-moi signe quand vous avez un moment.

En fait, si l'intervention quelque peu grinçante du Président à son endroit fut difficile à encaisser, le résultat en termes pratiques fut absolument inespéré. Villeneuve put ainsi échanger avec une partie du gratin médiatique et sortir brusquement de son anonymat. Isabelle était rayonnante et elle retrouvait avec délectation ses réflexes de super communicante.

- Aucun regret de t'avoir trainé jusque-là dit-elle à son ami lorsqu'ils s'éclipsèrent un peu plus tard. Carton plein au niveau image. Et en prime, la porte est entrouverte pour avoir enfin l'entretien que tu attends !

Mardi 21 Avril 8h00

La journée démarra pour Villeneuve d'une façon qui n'augurait pas de la suite. Son premier appel fut pour prendre rendez-vous avec le Président et après une attente un peu trop longue à son goût, son chef de cabinet lui répondit que l'agenda présidentiel était on ne peut plus débordant et que compte tenu de la demande expresse du Président, il verrait avec lui pour lui trouver un rendez-vous rapide. Il allait faire de son mieux et le recontacter au plus vite. En clair, rien à court terme.

La suite fut une succession de réunions et d'infos qui lui mirent du baume au cœur. D'abord sa jeune Marion qui lui montra le site déjà en ligne de son nouveau ministère, le blog associé et l'application qui permettait à tout citoyen de poster des suggestions. Villeneuve avait insisté pour que les contacts via internet soient signés du vrai nom des citoyens. Pas question de débiter des horreurs ou des inepties sous couvert de l'anonymat d'un pseudo. Bien évidemment, il allait falloir répondre à chacun de façon personnalisée et Marion avait déjà un début de solution.

Pendant cette première réunion, il reçut un message de Gérard son ami golfeur ex policier laissé à son secrétariat = J'ai une réponse à ta question. Cool. Il décida d'attendre d'être chez lui ce soir pour le rappeler.

Villeneuve demanda alors à tout son staff de venir dans son bureau.

- Je vais vous lire mon projet de discours à l'assemblée, leur dit-il. Je vous demande une critique sans concession tant sur le fond que sur la forme. Il y a certaines choses que je veux dire et je le ferai mais tout n'est peut-être pas utile. Pas de langue de bois, ne cherchez pas à me faire plaisir. Exprimez-vous sans retenue.

Un grand silence se fit lorsque Villeneuve reposa sa dernière feuille.

- Alors ? Qui commence ?

Isabelle indiqua qu'il fallait sans doute une courte présentation de qui il était avant de rentrer dans le vif du sujet. Pas d'accord répondit Villeneuve, ils iront voir sur internet ou dans la presse.

Tous unanimement trouvèrent que son couplet sur les politiques qui ne pensent qu'aux prochaines échéances électorales était un peu « too much » C'est certainement complètement vrai mais ce premier contact avec le parlement ne nécessitait sans doute pas de les irriter à ce point. Une interminable discussion obligea alors Villeneuve à trancher. OK, je vais reformuler et atténuer autant que faire se peut le propos mais je veux l'évoquer.

Pour le reste, Marion ajouta que le positif ressenti des citoyens pour leur démocratie en dépit de tous les défauts qu'ils pointent n'était pas assez mis en avant. Tous se tournèrent vers leur « bébé » pour acquiescer et Villeneuve décida de prendre le point.

Villeneuve s'apprêtait à aller déjeuner lorsque Fabien son compère créatif passa le bout de son nez à la porte. En fait, c'était sa première visite « physique » au ministère car il était plutôt occupé avec son propre business à ce moment.

- Jacques, je suis prêt pour le séminaire que tu m'as demandé. J'aurai une trentaine de citoyens anonymes qui seront confrontés à différents discours. A chaque séquence, deux discours qui disent la même chose sur le fond mais très différents dans la forme et dans les mots. Trois séquences au total. Un vote à chaque fois. Exactement ce que tu voulais. J'ai trouvé « une plume » étonnante. Tu apprécieras à sa juste valeur le discours compliqué de la première séance ! Il accumule les « paradigme, aggiornamento » et autres mots bien intellos. Tu vas être ravi.

- On continue en déjeunant proposa Villeneuve ?

- Vite fait alors car on m'attend à la mine s'esclaffa Fabien avec un grand rire

Villeneuve savait qu'il aurait le temps de bien mâcher car son ami avait tendance à monopoliser la parole. Mais cette logorrhée du premier abord cachait un talent assez bluffant pour faire sortir des idées décalées. Il avait autour de lui une équipe étonnante, une vraie écurie de formule1 et il attendait de ce premier séminaire un portefeuille de pistes à explorer concernant la communication.

- En dehors des membres de ton cabinet, tu pourras amener quelques personnes extérieures car nous avons une quinzaine de sièges en régie pour observer les votants sans intervenir.

- Parfait, j'emmènerai tout le monde, secrétaire, chauffeur et journaliste accompagnant compris et je vais inviter quelques profils complémentaires

CHAP 30

Mercredi 22 Avril 17h15

Monsieur le Ministre des Citoyens, vous avez la parole

Mesdames et Messieurs les députés bonjour

J'ai une véritable passion pour la liberté, la liberté de conduire ma vie, la liberté de penser ce que je veux, la liberté de faire ce qui me semble juste. Et comme tout homme libre, je pense être tolérant, très tolérant, la tolérance étant d'ailleurs le pendant naturel et obligatoire de la liberté. Son complément essentiel. L'autre face de la même pièce. Je vous parlerai donc librement.

Que vient faire quelqu'un de la société civile dans un poste de ministre pour ce projet précis ? Pourquoi pas plutôt quelqu'un qui connaitrait bien la politique française depuis des années comme vous ? Je n'ai pas de réponse car je ne me suis pas auto désigné et je vous renvoie donc vers ceux qui m'ont choisi pour obtenir une réponse circonstanciée.

Mais peut-être tout simplement que le problème posé par les citoyens et leur rapport à la politique demande tout aussi simplement une autre approche, une approche non partisane, une approche somme toute assez classique dans les entreprises : problème/diagnostic/solutions/décision/actions/contrôle.

Quelques mots tout d'abord sur les premiers contacts que j'ai pu établir avec différents citoyens. Deux résultats clairs et incontournables :

1. Le fossé entre le citoyen de base et les élites qui les gouvernent au niveau national et que vous représentez est grand, incroyablement grand. Ce fossé est bien évidemment la source d'incompréhensions, de rancœurs, d'agressivité parfois, de déprime souvent, de fatalisme toujours. Les citoyens ne comprennent pas bien les enjeux et par voie de conséquences les solutions qui leur sont proposées, solutions qu'ils vivent mal car ils estiment qu'elles sont imposées contre leur gré. Pour utiliser un terme à la mode, le dialogue démocratique manque de transparence.

2. Malgré cela, la démocratie n'est pas fondamentalement remise en question. Les citoyens espèrent toujours que les « prochains » élus vont les écouter et les comprendre. Ils voudraient plus et mieux participer, probablement plus souvent sur des sujets à leur portée. Mais quand ils n'y croient plus ou qu'ils ne comprennent plus, ils ne vont plus voter

Je vais donc tenter maintenant de vous dire en quelques mots ce que je pense de la situation d'aujourd'hui et des problèmes qui me semblent déjà affleurer. Le diagnostic complet et les solutions proposées viendront enrichir les débats au fur et à mesure de l'analyse en profondeur qui va être conduite. Rien n'est donc gravé dans le marbre mais il faut bien fixer un premier cap dès le début si l'on veut faire bouger les choses.

Il est nécessaire que je vous explique en préambule un principe qui m'a guidé toute ma vie professionnelle et que je n'ai jamais pu mettre en défaut.

Un jour où j'étais très jeune patron des achats dans une division de mon Groupe, un de mes acheteurs vint se plaindre pour la nième fois de nos fournisseurs, leurs délais, leurs coûts, leur manque de flexibilité, leur relationnel difficile…. Un peu irrité de le voir critiquer une fois de plus des gens dont après tout il avait la gestion, je lui rétorquais « vous avez les fournisseurs que vous méritez ». En clair, ils sont peut-être ainsi à cause de votre façon de les manager et les fournisseurs auraient sans aucun doute eu un comportement et des résultats différents avec quelqu'un d'autre.

Ce principe d'interaction entre les deux côtés d'une relation est je crois universel. J'ai pu le vérifier maintes fois dans ma carrière, sans jamais le prendre en défaut.

C'est ce qui m'amène à affirmer aujourd'hui que :

Les politiques ont les citoyens qu'ils méritent

Regardons donc d'un peu plus près ce que cela signifie

La première chose qui me vient à l'esprit est le manque ressenti par les citoyens de vertus morales chez les élites qui les représentent et les gouvernent.

Pourquoi soutenir des gens que l'on voit épinglés pour leurs impôts, leur compte en Suisse, leurs dépenses aux frais de l'Etat, leurs fausses déclarations, leurs loyers privilégiés, les avantages divers qu'ils tirent de leur position, leurs mensonges ? Tous ne sont pas touchés loin de là mais on ne parle tout de même pas de cas isolés.

Les citoyens attendent bien évidemment de leurs élites politiques une attitude exemplaire. Les démocraties d'Europe du Nord pourraient nous donner des leçons. Lorsque l'exemple n'est pas bon, quoi de plus normal de les voir se détourner de ceux qui les représentent ? Est-ce qu'une des bases de l'enseignement donné par les parents aux enfants n'est justement pas l'exemple ? En bon et en mauvais d'ailleurs.

Ce manque de vertus morales n'a pour moi pas de couleur politique. Je ne prendrai aucun exemple mais chacun en trouvera dans son camp où dans celui d'en face, voire dans sa propre conscience….

La seconde chose qui apparait évidente aussi est le manque de courage.

Les politiques dans l'opposition ont toujours toutes les bonnes idées, toutes les solutions, mais dès qu'ils sont au pouvoir, ils ne les mettent pas en œuvre ! Sans doute pour ne pas être impopulaire et risquer ainsi une potentielle réélection.

Tous ont indiqué dans leurs programmes qu'il faut réformer, opérer les changements nécessaires. La réalité une fois élus est souvent très éloignée des promesses, je n'invente rien. Vous le savez.

Et là aussi, ce manque de courage n'a pas de couleur politique.

Mais il serait très injuste de jeter l'opprobre sur la seule classe politique car de façon tout à fait symétrique, j'affirme que :

Les citoyens ont les politiques qu'ils méritent.

Le premier reproche que l'on peut et doit faire aux citoyens est de se focaliser uniquement sur leurs droits et beaucoup moins voire pas du tout sur leurs devoirs.

La société moderne est devenue très individualiste et les apports très nombreux que le collectif donne aux citoyens se sont complètement banalisés. L'éducation, la couverture sociale, les équipements, la paix avec nos voisins européens…. Que sais-je encore ? Tout est dû ! sans contrepartie.

Il est par exemple étonnant que tous ces citoyens qui accablent l'Europe de reproches oublient que cette Europe vient de leur amener 70 ans de paix ininterrompue. Trois générations sans guerre, ce n'était pas arrivé depuis des siècles, depuis le moyen âge exactement ! Mais personne n'en parle !

Tout est normal. Acquis pour l'éternité, jamais remis en question. Pour prendre un exemple, j'ai suffisamment voyagé dans le monde entier pour pouvoir vous poser cette simple question : combien y a-t-il de pays où l'on peut appeler le samu avec une chance raisonnable d'obtenir une assistance efficace ? Très peu en vérité. Une quinzaine.

La France a cette chance d'avoir construit un système social qualitativement performant, sans doute trop cher mais cela n'est jamais mis en avant, de peur peut être qu'un camp ou l'autre n'en tire bénéfice.

Globalement, les citoyens ont perdu la flamme de l'intérêt général. Ils le jouent « perso » comme on disait parfois à certains dans l'équipe de foot de mes douze ans.

Comment alors peuvent-ils blâmer leurs élus de leur ressembler ?

Le second reproche est de ne pas avoir de mémoire politique, de culture démocratique.

On leur dit rouge alors que tout a toujours été bleu ou l'inverse et ils le croient ! Par manque d'éducation civique, par paresse intellectuelle, par peur aussi de l'inconnu.

Ils ont les moyens (certes limités) de sanctionner par leur vote ceux qui leur mentent et ils ne le font pas !

Ce double constat autour de la relation politiques-citoyens m'amène donc à penser qu'il faut trouver les moyens d'un nouveau dialogue entre élus et citoyens. Un nouveau rapport.

<u>Un nouveau contrat.</u>

L'objectif du mandat qui m'a été confié est de tenter de comprendre le pourquoi de cette relation qui s'est disloquée avec le temps, de cette relation qui n'a pas pris le train de la modernité. Et de proposer ensuite des solutions aux problèmes posés.

J'ai volontairement dit élus et non pas politiques car je crois au risque de vous choquer qu'il n'est pas bon que des élus de la république soient élus « à vie ». Que la politique soit une « carrière » comme on l'entend souvent.

Pour les élus locaux, la sanction du renouvellement régulier de leurs mandats a du sens dans la mesure où les électeurs les voient agir au jour le jour, les rencontrent, vivent avec eux au même rythme. Comme dans la tragédie grecque, une unité de temps et de lieu. Une tragédie qui se terminerait bien évidemment. Les élus locaux comprennent la vie de tous les jours car ils sont physiquement auprès de leurs concitoyens. On peut ainsi comprendre et admettre qu'ils puissent véritablement gérer sur la durée une commune s'ils gardent la confiance de leurs administrés.

Pour les élus nationaux, c'est une toute autre affaire. Aucune chance que les électeurs puissent véritablement comprendre la vie de leurs élus qui évoluent sous les ors de la République à Paris. Ils ne les voient que par le prisme des médias.

La façon de voter des citoyens se résume alors souvent à un curieux mélange entre leurs convictions profondes venues de leur histoire personnelle et de leur éducation, et leur émotion du moment face aux candidats qu'ils voient.

Pour l'anecdote, un scientifique très sérieux a mesuré et expliqué que tous les Présidents candidats américains élus depuis 50 ans, depuis Kennedy en fait, avaient systématiquement une voix plus grave lorsqu'ils parlent à la télévision que ceux qui ont perdu ? Hasard complet ou véritable émotion ressentie ?

Pour être sûr que nos élus nationaux comprennent « la France d'en bas » et ses véritables enjeux, il faut donc qu'ils en viennent et qu'ils y retournent régulièrement. Si l'on veut que notre représentation nationale ait la volonté et l'agilité nécessaire pour adapter le pays à la modernité, il faut qu'elle soit proche du terrain. Qu'elle le connaisse.

Je suis d'ailleurs de ce point de vue opposé au non cumul des mandats. Le maire d'une ville peut être réélu pendant des décennies dans sa commune et apporter en même temps sa contribution nationale le temps d'un seul mandat de député ou de sénateur. Pourquoi s'en priver ?

On attend de l'exécutif et du parlement qu'ils organisent le « temps long », qu'ils anticipent. Qu'ils structurent l'avenir autant que cela est possible. Sans état d'âme si c'est nécessaire.

Aujourd'hui, force est de constater qu'une partie du temps est dédié à la préparation des prochaines élections. Sans exception, les Présidents commencent à caresser dans le sens du poil les électeurs potentiels dès la « mi-mandat » de leur premier quinquennat. Il en va de même des députés dans leur circonscription. Tout est axé sur le « temps court »

Je pense donc très fortement que la relation élus-citoyens doit évoluer, que la gouvernance de notre pays doit évoluer. Pas dans ses valeurs et ses principes qui ont fait depuis plus de deux siècles la grandeur de notre pays. Mais dans son expression démocratique au quotidien. Les citoyens que j'ai déjà rencontrés sont attachés à leur démocratie, mais ils l'imaginent différente, plus souple, plus agile, plus moderne.

Je reviendrais vers vous avec des propositions concrètes lorsque nous aurons avancé dans la réflexion. Je reste aussi ouvert à tout échange avec ceux d'entre vous qui le souhaitent.

Beaucoup d'entre vous se réclament très naturellement des acquis de la révolution française, de ses valeurs et de ses idées. Les citoyens aussi très souvent. Vous souvenez vous qu'une des dispositions votées par la Constituante (première des assemblées) fut que ses membres ne puissent pas être réélus dans l'assemblée qui la suivit ? Etonnant non avec nos yeux d'aujourd'hui ! Et pourtant terriblement démocratique !

Je vous remercie de votre attention.

Les applaudissements vinrent ponctuer la fin du discours mais ce n'était pas du délire, encore moins une « standing ovation ». Des applaudissement polis, convenu pour quelqu'un qui au total les avait un peu pris à rebrousse-poil.

Le Président de l'assemblée vit que l'atmosphère n'était pas propice aux questions, chacun échangeant avec son voisin sur ce donneur de leçons d'un nouveau genre, et il décréta une pause de 15mn avant le prochain sujet.

Bizot accueillit l'orateur à la descente du perchoir les yeux plissés avec un petit sourire :

- rassure moi, tu n'avais pas l'intention de les mettre dans ta poche.

- pas aujourd'hui répliqua Villeneuve.

CHAP 31

Jeudi 23 Avril 11h45

L'assistante introduisit Gérard dans le bureau de son ministre.

- Infiniment désolé du retard Jacques mais j'avais mal anticipé les différents contrôles de sécurité et il y a un monde de visiteurs à Matignon dit-il avec un grand geste du bras.

- Il y a aussi je crois ce midi un déjeuner de jeunes élèves avec le Premier Ministre qui a dû pas mal bouchonner ….

- Ah je comprends mieux maintenant, à un moment, j'ai cru me retrouver dans une file de resto U !

- Assied toi, tu veux quelque chose ?

- Un peu d'eau oui.

Villeneuve fit le nécessaire pendant que son visiteur regardait un peu partout, la très belle cheminée, une immense table de bureau avec très peu de dossiers et trois chaises visiteurs. Villeneuve vint s'assoir près de son ami.

- Tu sais, le plus beau ici, c'est la vue du jardin, ce que tu as dans ton dos, tourne donc ta chaise.

A mon tour d'être désolé de ne pas t'avoir rappelé mardi mais mon discours devant l'assemblée a monopolisé tout le monde tard et je n'ai pu rappeler qu'hier. Alors ?

- Je ne sais pas pourquoi tu m'as demandé cela …

- Et je ne te le dirai pas

- Non, non je n'attendais pas plus de précisions de ta part mais je voulais simplement dire que je sais pas pourquoi tu m'as demandé mais maintenant je devine et comprends mieux ta demande car il y a quelque chose de pas normal dans cette affaire. Sur le registre des courses de la voiture, le nom de la personne véhiculée a été très proprement gommé ce qui n'est pas du tout habituel.

Cela est déjà arrivé mais c'est très rare. Gommé à un point où il faudrait demander au labo scientifique de la police pour éventuellement reconstituer une information utilisable

- Donc on n'a rien

- Pas du tout, il reste le nom du chauffeur qui lui est bien marqué donc il y a possibilité de l'interroger. Ce chauffeur travaille toujours ici à l'hôtel Matignon d'ailleurs mais je n'avais pas d'instruction pour demander à mon ami de lui parler.

- Et ce nom ?

Gérard sortit un papier de sa veste et le déplia :

- Dimitri Franconi

CHAP 32

Vendredi 24 Avril 9h30

Fabien fit d'abord une courte présentation de son entreprise – le sens des affaires ! – puis une présentation de la journée : le matin était dédié à l'observation d'une trentaine de citoyens qui allaient voter avec des boitiers pour trois choix de candidats, chaque vote étant précédé d'exposés des candidats, candidats joués par des comédiens que l'on ne voyait qu'en ombres chinoises.

L'idée était là, de mesurer à contenu de messages équivalents, l'impact de l'expression du contenu, sophistiqué versus simple, cultivé versus populaire, universel versus local. C'était une idée de Fabien auquel Villeneuve avait souscrit complètement. Est-ce que les politiques savaient vraiment parler à leurs administrés ? Et par voie de conséquence est ce que les citoyens arrivaient à bien les comprendre ?

En fait, la réponse était connue. En regardant l'histoire moderne, chacun avait en mémoire des orateurs de grand talent, des dictateurs souvent. Qui avaient su trouver les phrases et les mots justes pour faire passer leurs messages. Fussent il délétères.

L'approche paraissait a priori assez théorique et un peu « scolaire » mais c'était avant tout un alibi pour bien faire comprendre aux observateurs que la façon de dire est parfois plus importante que ce que l'on a à dire. Et d'en tirer ensuite les conséquences. A l'âge de twitter et d'un nombre de signes limité, il est absolument essentiel de ne pas se tromper.

L'après-midi serait consacré à un travail en ateliers des observateurs afin de déterminer – s'il y en avait un ? - le langage commun permettant aux citoyens et aux élus de mieux se parler et donc de mieux se comprendre. Villeneuve avait outre son équipe invité les trois députés concernés par les trois premières études terrains, le député de Seine Saint Denis Ortola, le député de l'Ardèche et celui de Strasbourg Centre qui allait faire l'objet de la troisième enquête terrain la semaine suivante. Les trois avaient répondu présent.

Une majorité de présents n'avait jamais assisté à ce type de travail typique d'analyse de comportement des consommateurs. Là, Fabien et son équipe sortaient de leur zone de confort car il n'était plus question de réagir par rapport à un produit ou à une publicité. La matière était complètement différente mais cela valait le coup de tenter.

Villeneuve ne put s'empêcher de sourire lorsque le mot « aggiornamento » fut prononcé dans le discours sophistiqué car tous autour de lui se regardèrent sans vraiment comprendre. Manifestement une surprise complète pour tous les présents, la même surprise qu'il avait éprouvé lors d'un discours de vœux de son président il y a quelques années.

La matinée fut au total plutôt bien chargée pour les observateurs à qui Fabien demanda aussi de voter.

Les résultats des votes furent assez cohérents entre les citoyens et les observateurs. La simplicité pris le pas sur la sophistication, sans vraiment de surprise mais c'était bien de le vérifier, la culture et le populaire firent presque jeu égal, résultat pas vraiment évident à interpréter et le local l'emporta très largement sur l'universel.

La conclusion de la matinée fut présentée par Fabien et le député Ortola y alla de son discours et – divine surprise pour Villeneuve – il y alla de ses compliments sur la démarche. Il était manifestement flatté d'avoir été invité et de découvrir un monde nouveau pour lui.

En fait, il n'était qu'au début de sa surprise car l'après-midi avec ses ateliers allaient lui faire découvrir un monde où la pression du résultat impose au groupe un lourd travail de réflexion puis de mise en forme. Le week-end serait être le bienvenu pour tous !

La restitution/conclusion permit ensuite de dresser un tableau des mots et expressions soit à privilégier, soit à éviter, le tout classé par grand sujet habituel des programmes des candidats, l'Europe, la justice, les impôts, les dépenses de l'état, les retraites, le chômage... Chacun en regardant le tableau put ainsi voir de façon éclatante et évidente certains mots « à éviter » qui avaient été utilisés avec un certain dégât par tel ou tel élu dans le passé...

Les trois députés furent impressionnés et il était bien clair que leurs prochains discours seraient pesés à l'aune de ce travail. Au total, un travail nécessaire mais pas suffisant.

Une brique importante de fondation pour reconstruire un dialogue plus apaisé, sans mots ou expressions « chiffons rouges » qui ne mettaient pas vraiment d'huile dans les rouages de la démocratie.

CHAP 33

Vendredi 24 Avril 16h15

La pause de l'après-midi arrive enfin. Je suis littéralement vidé. Fatigué au-delà de ce que j'imaginais encore ce matin. Je prends Fabien à part :

- Je vais te laisser terminer car je dois prendre un train tôt pour partir en week-end. Un anniversaire (un mensonge pieux). Je ne crois pas que ma présence apporterait un plus maintenant. Tu les tiens bien dans ta main. Je file discrètement. Tu remercieras tout le monde. Merci encore Fabien, c'était inattendu et très fort.

Avant de partir vers la gare, je demande à Corinne de me prendre un aller pour La Rochelle et de me l'envoyer sur mon portable.

Pendant que le chauffeur m'emmène vers Montparnasse, j'appelle mon épouse pour lui dire que je serai à La Rochelle par le dernier TGV.

- Je suis crevé, j'arrive vers 22h30

- Tu as un problème ?

- Non juste fatigué, et puis le fait que tu sois déjà là-bas me fait réaliser que je serais bien bête de passer ce week-end tout seul

- C'est vrai ? Tu ne me cache rien ?

- Non, ça va, je te jure. Juste envie de me ressourcer.

Ce n'était pas prévu dans notre agenda familial mais je me sentais mal de devoir passer deux jours encore seul alors qu'une partie de la famille était réunie dans l'Ile de Ré. J'avais un peu délaissé tous mes proches depuis trois semaines et je commençais à le payer. Fatigué physiquement et un peu lassé aussi. Cette machine que j'avais lancée à toute allure m'avait pompé toute mon énergie et ce deuxième long week-end à Ré serait le bienvenu.

Je rappelle dans la foulée Corinne pour lui dire que je ne rentrerai peut-être que lundi midi. Deux jours pleins à marcher sur la plage en se protégeant du vent avant de regarder les buches flamber dans la cheminée, je ne connais pas de meilleur remède contre la fatigue et le stress.

CHAP 34

La journée de samedi avait été absolument idéale, une longue balade sur le sable de la marée basse, un massage décontractant à la thalasso voisine que ma chère Michèle m'avait réservé après mon coup de fil de la veille, un 9 trous bien venté dans l'après-midi au golf de l'ile et une sortie restaurant avec nos amis voisins le soir.

C'était une tout autre histoire en ce dimanche. La pluie avait fait son apparition pendant la nuit et la météo locale ne prévoyait aucune éclaircie avant la nuit. Un déluge ! La seule issue était de se caler tranquillement dans un fauteuil devant la cheminée avec un bon bouquin. Je venais juste d'allumer le feu qui crépitait joyeusement lorsque le téléphone ministériel se mit à sonner

- Jacques ? C'est François

- Salut boss !

- Est-ce que tu aurais envie de te perdre à Matignon un moment aujourd'hui ?

- Je suis à 500km de Paris François et cela va être dur !

- Ah désolé, je te dérange.

- Non, tu ne me déranges pas, je suis seul, ma femme et ma fille sont parties faire des courses malgré le mauvais temps et j'oublie la pluie devant un bon feu – je tends le téléphone près des flammes.

- Quelle chance ! Ou es-tu ?

- Un peu de repos dans ma maison de Ré.

- Je n'aime pas trop parler boulot au téléphone mais si tu as 2 minutes, j'ai besoin d'une réponse rapide.

Une ombre d'inquiétude vint se caler immédiatement au-dessus de ma tête. Les premiers problèmes ?

- Jacques, j'ai besoin de toi.

L'inquiétude se mua en étonnement.

- Si je peux.

- Tu m'as bien dit l'autre jour que finalement ton choix du journaliste américain était peut-être lié à un peu de nostalgie pour ta période New Yorkaise ?

- C'est vrai que j'y ai passé un peu moins de deux ans de ma vie et que cela a été une période extra pour mon boulot et pour moi. Oui je l'avoue Monsieur le Juge dis-je en riant, en échangeant avec Matthew, je rajeunis un peu !

Bizot garda le silence pendant un moment comme s'il redoutait de continuer. Je restais muet et attendis la suite.

- Ecoute, le Président me délègue le prochain discours qu'il devait faire à l'ONU. Oui, sans être mauvaise langue, à part le Thalys qui a maintenant un compartiment quasi réservé à l'année pour lui, il n'aime pas les voyages et encore moins les discours sur la grandeur et la place de la France dans le monde. J'y vais avec le Ministre des Affaires Etrangères bien sûr mais je me disais que tu pourrais m'accompagner. C'est deux nuits sur place, un discours à l'ONU et j'essaie de caler un RV avec le Département d'Etat à New York ou Washington -a priori c'est bon depuis leur réponse de ce midi mais je ne sais pas encore où- et je me dis que vu ton image naissante là-bas et ta connaissance du pays, ce serait bien que tu m'accompagnes pour le rendez-vous avec les américains.

Je fus un moment sans voix après cette tirade débitée sans respirer. Je décidais cette fois d'intervenir.

- C'est quand ce voyage ?

- Départ mercredi après le conseil des Ministres et retour vendredi en toute fin de journée, ton week-end n'en souffrira pas trop !

- Je dois avoir ma 3ème session citoyenne à Strasbourg jeudi mais sinon, le reste ne pose pas de problème. Ma seule question est : qu'attends-tu de moi exactement ? Qu'elle doit être ma contribution au-delà d'un rôle de « connaisseur des lieux ».

- C'est un peu cela. Tu connais les lieux, la langue, leur culture. Pour la rencontre avec les américains, cela me serait très utile. Pour tout t'avouer, je ne suis allé aux USA que deux fois, les deux pendant mon ancien poste à Bercy (Silicon Valley et Washington). Jamais aux USA auparavant. A chaque fois en coup de vent. Je n'ai donc jamais mis les pieds à New York. En plus, notre ambassadeur sur place est un type que j'apprécie « moyen », et quand je dis moyen…C'est un grand ami du Président, si tu vois ce que je veux dire…Enfin tu comprends, je n'ai pas envie de lui devoir quoi que soit.

Les choses devenaient plus claires pour moi et je me permis un sourire que mon interlocuteur ne put pas voir.

- Je ne sais pas si mon diplôme de « nounou » est encore valable ? Tu me prends vraiment par les sentiments. J'y réfléchi et te rappelle.

- OK merci d'avance Jacques. On aura l'avion présidentiel et on emmènera quelques invités, pas trop. Tu peux amener ton épouse et quelques personnes. Répond moi vite.

Comme à son habitude d'homme pressé, Bizot raccrocha sans formule de politesse superflue. Bien calé au fond de mon fauteuil, je rêvassais un moment à la proposition du Premier Ministre tout en me laissant bercer par la chaleur qui irradiait maintenant du foyer. Je savais pertinemment que j'allais accepter.

Après un temps raisonnablement suffisant qui était censé faire comprendre que j'avais bien pesé ma décision, je lui envoyais un sms = OK pour NY.

Le téléphone et le bouquin posés sur la table basse, je pris quelques instants pour repenser au problème de la voiture. Dimitri ? Je ne l'avais pas croisé depuis l'info de Bernard car il était de repos jusqu'à lundi. Il faudra ensuite que je trouve l'occasion de le « confesser » d'une façon ou d'une autre ... Comment mettre le sujet sur le tapis ? Allais je l'emmener à NY ? A quoi Dimitri pouvait-il bien être sensible ?

Midi tout juste et je décidais d'appeler Corinne pour bouleverser l'agenda de la semaine. Après les excuses d'usage pour l'appeler au moment du déjeuner un dimanche, Je lui racontais l'appel du Premier Ministre et mon accord pour l'accompagner. Je décidais de ne pas reporter la rencontre « citoyens » de Strasbourg. Ils feront sans moi. Le système est rôdé maintenant et Corinne prendra les commandes. Tous les autres rendez-vous sont à reporter car je souhaite avoir un mardi libre avec l'Equipe pour faire le point :

- Tu vois avec l'assistante du Premier Ministre mais quel que soit son choix, tu me réserves le Méridien, une junior suite avec « park view » au-dessus du 25ème étage. Je m'occupe de réserver les transports sur place.

Je raccroche le téléphone et je m'aperçus que mes pensées retournaient inlassablement vers Dimitri. Je rappelais Corinne.

- Ah j'ai oublié, je vais peut-être emmener Dimitri à New York. Vous n'aurez pas forcément besoin de lui à Strasbourg. Je déciderai avec lui demain. Débrouille-toi demain matin pour qu'il ait un passeport et un ESTA valable pour ce voyage au cas où.

J'allais remettre deux buches dans le feu en me disant que ce serait bien le diable que je ne trouve pas le moyen de le faire parler, avant ou pendant le voyage.

CHAP 35

Dimanche 26 Avril 17h45

Le Président repris sa synthèse de presse journalière où cet obscur député communiste Ortola vantait dans le JDD le travail de son ministre des Citoyens. Il était partagé entre agacement et admiration. Finalement Alex ne s'était pas trompé et ce Villeneuve avait réussi ce tour de force de faire dire à un opposant systématique depuis toujours qu'il y avait au moins un point positif dans la politique du gouvernement !

Ortola disait même que le début de la reconquête des citoyens si elle réussissait un jour aurait démarré dans sa circonscription, sous-entendu, grâce à lui. Quel opportuniste cet Ortola ! Ce qui était d'autant plus exagéré que cette circonscription avait été choisie pour son plus faible taux de participation aux votes, enfin d'après ce qu'Alex lui avait dit dans son rapport hebdomadaire...

Cette information inattendue avait mis le Président d'humeur joyeuse. Une lueur de soleil dans un ciel de plomb ! L'arrivée d'Alex mit fin brutalement à ses réflexions.

- Bonjour Alex. Alors, tu savais que Villeneuve a des copains chez les communistes ?

- ...

- Rassure-moi, vous aviez bien regardé avec Xavier son passé politique, non ?

- Il n'a pas de passé politique connu et je doute qu'il ait des sympathies quelconques avec ce parti.

- A voir comment Ortola l'encense, on ne le dirait pas.

- Vous me charriez Président ?

- Regarde le JDD.

Alex pris quelques instants pour se mettre au courant.

- Il avance bien, hein ?

D'une façon étonnante parfois à mes yeux mais il avance vite en tout cas. J'ai fait un brunch hier avec sa Dircab et elle est absolument enthousiaste. Il a une équipe soudée et il travaille avec méthode. Le seul bémol et ce n'est pas bien grave à ses yeux, c'est qu'elle ne comprend pas le choix du journaliste américain pour l'accompagner.

- C'est un problème ?

- Perso, quand je ne comprends pas, cela me gêne et là, je suis comme sa Dircab, je n'ai pas non plus saisi pourquoi. Je sais qu'il a vécu à New York mais à l'époque où il y était, le journaliste était à l'école primaire et ses parents et lui habitaient le Connecticut voisin, le père contremaitre dans une usine de fabrication de cartouches et elle professeur de philosophie. Ils n'avaient aucune raison de se rencontrer.

- Tu as fait une véritable enquête policière ma parole !

- Hier après-midi, une petite heure d'internet plus un coup de fil à votre copain l'ambassadeur de France. Il m'a répondu immédiatement.

- Tout cela ne nous dit pas pourquoi ce choix mais au fond, ce n'est pas plus idiot qu'autre chose de prendre un journaliste extérieur au microcosme habituel. Non, ce qui m'intrigue plutôt moi, c'est que cela se passe en langue anglaise. Bien sûr, il y a quelques traductions çà et là mais sa couverture médiatique serait bien plus grande avec le français…Bizarre.

- Je peux l'interroger.

- Non laisse le mariner encore un peu, je ne veux pas qu'il pense que l'on s'intéresse à lui…

Alex sortit une feuille de sa poche et la déplia.

- Président, j'ai aussi amené le prochain sondage mensuel sur les personnalités politiques préférées des français qui paraitra demain. Vous prenez 9 points Président ! Bon d'accord on passe de 20 à 29, ce n'est pas encore l'Himalaya mais c'est énorme quand même ! Bravo pour le changement de ministère ! Bizot prend 5 points et Villeneuve qui avait été inclus dans la liste proposée par l'organisme de sondage apparait en 49éme et avant dernière position avec 0,5 points, normal, il n'est pas encore connu. Ce changement de gouvernement est une vraie réussite.

Un bourdonnement discret annonça à Alex l'arrivée d'un sms sur son téléphone.

- Tiens, Bizot emmène Villeneuve aux USA mercredi.

- Si ça l'amuse ! Pour revenir à Villeneuve, j'ai demandé à Bizot son avis lors de notre dernier tête-à-tête et il a été plutôt elliptique, ce qui m'a un peu étonné car d'habitude, il est plutôt cash, mais bon, il n'a pas participé au montage de ce ministère et il reste sans doute prudent.

Allez, c'est peut-être un peu tôt mais je vais faire monter une bouteille de Pouilly, tu restes ? La remontée dans les sondages, ça s'arrose quand même, non ?

CHAP 36

Lundi 27 Avril 18h15

Le TGV avait presque 40 mn de retard (un problème entre Niort et Poitiers) et Villeneuve se dirigea rapidement vers la sortie. Dimitri l'attendait en bout du quai.

- Bonjour Monsieur, au ministère ?

- Non, trop tard, on va chez moi

Dimitri fut étonné car depuis sa prise de poste, son ministre avait plutôt été « tôt le matin et tard le soir » mais là, il donnait l'impression de vouloir continuer son week-end !

- Votre voiture est-elle bien garée ?

- Elle n'est pas au parking mais si c'est le sens de votre question, elle n'est pas non plus en double file. Pas de crainte à avoir.

- Alors on va boire un coup, le train m'a asséché.

Deuxième étonnement pour Dimitri qui avait cru voir l'instant d'avant une bouteille d'eau à moitié pleine dans une poche extérieure du sac de son ministre. Ils sortirent tous deux de la gare et entrèrent dans une brasserie proche. La commande passée, Villeneuve sortit une enveloppe de son sac et en tira une photo qu'il poussa sans un mot vers son chauffeur. Ce dernier pris la photo, la retourna au cas où il y aurait une indication et la reposa sur la table.

- C'est mon ancienne voiture quand j'étais affecté à Bercy. Avant de travailler avec vous. Ajouta-t-il. Je reconnais le numéro.

Villeneuve qui avait vu maintes séries policières décida de jouer au détective amateur et garda le silence pour obliger son interlocuteur à parler.

- Vous l'avez eue où cette photo ?

Villeneuve toujours en silence passa à Dimitri une copie complète du dossier réalisé 6 mois plus tôt, la main courante, le certificat médical, et tout le reste. Il commença à boire sa bière pression pendant que Dimitri parcourait tout le dossier.

- Merde ! fit Dimitri lorsqu'il eut fini. C'était vous ? Vraiment désolé.

A aucun moment Dimitri ne chercha à nier ce qui c'était passé, à la grande surprise de Villeneuve. Il avait l'air parfaitement navré. Villeneuve n'ayant aucune expérience dans ce type d'interrogatoire, il ne savait pas à quoi s'attendre. Mais là, il fut quand même surpris de la spontanéité et de l'honnêteté de son interlocuteur.

- Vous allez faire quoi ?

Villeneuve ne savait trop quoi répondre car s'il avait envie de tout savoir, il ne savait pas du tout ce qu'il ferait ensuite. Il se passa la main dans les cheveux et sur la nuque en terminant les avant-bras ouverts sur la table dans un geste interrogatif. Toujours sans parler.

Dimitri cette fois ne dit rien. Il commença à son tour à boire, manifestement la gorge sèche.

- Cela dépend de vous Dimitri. Cette histoire m'a pourri un peu la vie mais en même temps, ce n'était pas la fin du monde. Si vous me dites pourquoi vous étiez si pressé cela restera entre nous.

- Ah non Impossible ! Secret professionnel.

- Dimitri ?

- Ce serait pour vous, vous n'apprécieriez pas que j'en parle. Là personne n'est au courant.

- Si, moi. La preuve est devant vous.

Je vous demande uniquement de me dire qui vous a obligé à repartir alors que, vous connaissant, vous étiez sans doute prêt à venir me secourir.

Villeneuve y allait au hasard. Dimitri eut un regard circulaire comme s'il craignait que quelqu'un ne les surprenne.

- Non, je ne peux vraiment pas

- Bien sûr que vous pouvez. Vous aviez quelqu'un qui n'aurait pas dû être dans la voiture ?

- Non, non ce n'est pas cela.

Villeneuve compris qu'il lui faudrait poser différentes questions et qu'à force de oui et de non, il saurait peut-être le fin mot de l'histoire. Comme lorsqu'il jouait aux devinettes avec ses petits-enfants. Il lui fallait débobiner le fil patiemment.

- Vous aviez le Président dans la voiture ?

- Oh non.

- Une de ses connaissances ?

- Non.

- Un ministre ?

- Non plus.

- Un membre du cabinet du ministre de Bercy ?

- Oui.

- …

Après un grand quart d'heure de tâtonnements successifs, il savait. Il avait enfin les réponses sur l'épisode de la voiture. En ne sachant pas encore vraiment ce qu'il allait en faire. Il posa la main sur le bras de son chauffeur et souhaita le rassurer.

- Vous ne m'avez rien dit. On oublie tout, la voiture et le reste. Personne ne saura que nous en avons parlé insista Villeneuve en rangeant photo et dossier.

Quelle histoire !

CHAP 37

Mercredi 29 Avril 18h00 heure de Paris

Le ronron des moteurs de l'avion présidentiel me berce agréablement. J'ai toujours beaucoup aimé l'avion. Avec un peu de chance, on peut avoir des vues extraordinaires de la terre qui a l'inverse des vues de l'océan n'est jamais monotone. Un de mes grands souvenirs reste la muraille de Chine vue de 10 000 mètres de haut. Mais j'en ai tant d'autres tout aussi émouvantes et étonnantes notamment un vol de nuit au-dessus de la Somalie où des troupes ennemies se tiraient dessus à qui mieux mieux dans un ballet digne d'un feu d'artifice.

Je ne crains pas les turbulences qui ont d'ailleurs tendance à m'endormir. J'ai à mon actif plus de 500 vols aux quatre coins de la planète ce qui ne fait pas de moi pour autant un très grand voyageur selon les normes Air France mais cela me permettrait sans doute un jour d'écrire un livre sur les mille et unes aventures endurées, des histoires originales, des bagages perdus, des vols à problèmes, des escales mouvementées, des attentes interminables, des rencontres improbables…des joies aussi. Oui c'est décidé, c'est une bonne idée. J'aurai le temps après cette parenthèse de ministre.

L'avion (que nous ne remplissons qu'à moitié) est superbement équipé pour environ 70 personnes avec WIFI et téléphones protégés ce qui m'a permis de travailler avec toute mon équipe. Maintenant, après le repas, c'est la détente. Je me repasse inlassablement dans ma tête les demandes que les citoyens nous ont racontées.

Nous n'avons pas encore vu la moitié des citoyens et des élus mais j'ai déjà une bonne idée des conclusions. Il va falloir les confronter à l'équipe. Il faut aussi que je me calme. C'est mon gros défaut en fait d'aller vite, trop vite parfois. Comme ces troupes de voltigeurs qui cognent vite et fort et qui d'un seul coup sont trop avancées en terrain ennemi. L'infanterie n'a pas suivi et l'infanterie ne comprend pas ! N'accepte pas.

J'ai souvent eu raison d'aller vite, de comprendre et d'agir plus vite que les autres, pour le plus grand bénéfice de mon groupe. Il m'est aussi arrivé d'avoir raison trop tôt et d'en payer le prix fort. Pas trop souvent heureusement. Par incompréhension de la part des autres. Parce que j'avais mal détaillé, mal expliqué, mal vendu, mal laissé mûrir.

Confiance. J'ai enfin trouvé depuis ce matin pendant le conseil des ministres le mot pivot, le mot essentiel. Avec la confiance tout est possible, tout est facile. Un ami me disait un jour qu'avoir confiance en quelqu'un, c'était pouvoir lui confier son porte-monnaie et sa fille ! Pour un citoyen, avoir confiance en ses élus et dirigeants, c'était sans doute pouvoir leur confier leurs impôts et taxes et leur « way of life » comme disent les américains, leur façon de vivre, leurs valeurs.

Je décide de rouvrir mon ordinateur. Un nouveau mail à Corinne pour m'organiser d'ici 15j une journée de réflexion en très petit comité. Je vais leur déballer mes idées, mon intuition, mes solutions… La confiance. Et tout va se mettre en place tranquillement…

- Alors, un petit somme ?

- Hein quoi ?

Bizot me tire soudainement de ma rêverie. C'est vrai à sa décharge que j'avais les yeux fermés depuis un moment malgré le portable encore ouvert sur la tablette devant moi.

- J'ai terminé la préparation de mon discours de ce soir à l'ONU me dit-il. J'ai parcouru aussi l'ensemble de tes recommandations pour la réunion de demain après-midi avec le Département d'Etat. Vraiment très clair et très instructif.

- Merci

- J'ai une question qui n'a rien à voir avec la politique Jacques, j'aurais bien aimé passer une soirée jazz demain soir. J'ai demandé à mon assistante lundi mais elle n'a pas été fichue de me trouver autre chose que : demandez à l'ambassadeur, il doit connaitre. C'est vrai qu'elle n'est jamais sortie de Paris !

- Le « Blue note » ça t'irait ?

- Tu veux dire LE « Blue note » ?

- Oui. Pour combien de personnes ?

- Mon épouse et moi. Tu peux être avec nous si tu le souhaites

- Quel budget es-tu prêt à mettre ?

- Ce que tu jugeras raisonnable.

Je reconnais là l'habileté de mon interlocuteur. Je reprends l'ordinateur resté ouvert et lui montre sur le site le programme prévu et les prix.

- OK, c'est parfait

- Je m'en occupe dès mon arrivée. Il faudra compter un peu plus pour le délai un peu spécial…

-   Fais pour le mieux

CHAP 38

Mercredi 29 Avril 16h45 heure de New York

Villeneuve emprunta la porte tambour du Méridien sur la 56ème rue et se dirigea vers le chasseur qui refermait la porte arrière d'un taxi sur un couple.

- Bonjour Roger.

Se retournant manifestement surpris que quelqu'un l'appelle par son prénom, Roger interrompit aussitôt son geste de faire avancer le taxi suivant.

- Eh Monsieur Jacques ! Bonjour. Ça fait un bail qu'on ne vous a pas vu ! Vous voulez un taxi ?

- Non, pas maintenant.

Cela faisait près de trente ans que Villeneuve descendait au Méridien et pratiquement dès le début il avait remarqué Roger, un grand et beau gaillard toujours impeccablement habillé aux armes de l'hôtel. Un blond aux yeux bleu façon Clint Eastwood. Il fallait le voir au plus froid de l'hiver avec sa redingote kaki boutonnée jusqu'au menton et son chapeau haut de forme assorti. Une véritable star new-yorkaise qui ne craignait ni les rafales de vent froid habituelles de la 56ème rue, ni les bourrasques de neige du grand hiver. Villeneuve était resté plusieurs semaines à cet hôtel au début de son séjour et ils avaient fini par sympathiser. Aujourd'hui, il portait toujours beau malgré des cheveux coupés courts et des tempes toutes grises.

- Maxim est-il là aujourd'hui ? s'enquit Villeneuve

- Fini Maxim, il est parti en retraite à la fin de l'année. Maintenant il doit se dorer au soleil de la Floride répondit Roger avant un grand rire.

- Il est efficace le nouveau « Bell captain » ?

- Vous avez besoin de quoi Monsieur Jacques ? répondit Roger en éludant toute remarque sur son collègue.

Villeneuve lui expliqua pour le Jazz pour le lendemain soir. Une table pour deux près de l'orchestre.

- Je dois pouvoir faire quelque chose, sans garantie.

- Faites pour le mieux Roger. Envoyez moi-un sms quel que soit le résultat demanda Villeneuve en lui tendant une carte de visite et un billet de 20$.

Mercredi 29 Avril 17h45 heure de New York

Je suis confortablement installé dans un fauteuil du petit salon/bar installé sous le passage qui permet à l'hôtel d'avoir une sortie sur la 57ème rue. Une musique de fond légèrement « jazzi » typiquement américaine accompagne les rares clients à ce moment entre thé et apéritif. De la musique au kilomètre qui incite à la détente.

Je sirote mon verre de shiraz en grignotant quelques crackers lorsque je vois passer une femme absolument sublime, une démarche de reine, un jeans ajusté avec un haut blanc et une veste multicolore style Lacroix sur un bras, un sac Vuitton au bout de l'autre bras. La trentaine épanouie, peut-être moins d'ailleurs, je n'ai jamais été doué pour les âges. Elle est sûre d'elle avec une démarche animale que ne dément pas sa crinière blonde. Les quelques hommes présents en oublient pour un instant leurs smartphones et autres ordis, voire leurs entourages !

Je dois retrouver d'ici 30 minutes deux couples d'amis américains que nous avons connu lors de notre séjour pour aller diner dans une steak house toute proche. La femme fait demi-tour devant le tambour de la 57ème rue et elle revient vers le salon. Je la suis des yeux. Je me rappelle un jour où nous étions dans le Kentucky pour une visite d'usine avec mon collaborateur local. Voyant passer une très jolie femme, il m'avait donné un coup de coude en faisant à peine discrètement un « ouah ! » d'admiration. Devant mes yeux interrogateurs et un peu réprobateurs, il m'avait rétorqué « Jacques, je suis marié et fidèle mais je ne suis pas mort ! »

La « créature » de rêve se dirige soudain directement vers moi.

- Jacques Villeneuve ?

- Oui dis-je très surpris qu'elle me connaisse car si j'oublie parfois certains noms, j'ai une très bonne mémoire visuelle et je sais que je ne l'ai jamais vue. Une beauté comme elle ne s'oublie pas de toute façon.

- Anita Roberts de Vanity-Web me dit-elle en me tendant une carte de visite et en s'asseyant d'autorité en face de moi. Je peux vous appeler Jacques

- Oui bien sûr répondis-je comme dans un rêve.

- Appelez-moi Anita.

Je regarde sa carte et dois porter sur mon visage suffisamment d'étonnement pour qu'elle continue.

- Vous êtes très populaire chez nous depuis que Matthew vous suit et je vous ai reconnu. Vous venez pour l'ONU je crois ? Vanity-Web travaille exclusivement sur les grandes personnalités. Avez-vous un instant pour une interview ?

Je me suis un peu remis de mon émotion initiale.

- Je vais vous décevoir dis-je car je suis un petit ministre français et je doute que vos clients américains s'intéressent à moi.

Le bar s'est rempli et le bruit ambiant est monté d'un cran. Il y a notamment près de nous une tablée d'américaines qui fêtent quelque chose en parlant et riant très fort. Anita rapproche le tabouret où elle s'est assise et se penche vers moi pour mieux se faire entendre. J'ai une vue imprenable sur son décolleté qui laisse apercevoir une poitrine incroyable. Je ne sais plus où mettre mes yeux !

- Détrompez-vous, Matthew a fait de vous une véritable icône sur la côte Est car le combat des citoyens est universel continue-t-elle en mettant sa main sur mon avant-bras dans un geste complice.

Je dois avouer que je suis perturbé par cette beauté très sensuelle et je sens monter en moi un désir tout à fait primaire.

- Je dois retrouver des amis dans le lobby maintenant pour diner et je suis vraiment désolé de manquer de temps dis-je un peu perdu quand même devant cette situation inattendue.

- Je peux repasser après diner sans problème. Prenez votre temps me répond-elle avec un sourire ravageur qui finit de me mettre au supplice.

Au moment de signer la note et de partir, mon téléphone vibre. Cela me donne une bonne raison de fixer mes yeux ailleurs que sur mon interlocutrice ! Roger m'indique que c'est OK pour demain mais seulement à la séance de 18h. Règlement de l'admission sur place avec le double nom Roger/Villeneuve. Demandant la permission de continuer à utiliser mon téléphone à Anita, j'envoie un long texto pour avertir Bizot que c'est bon pour le Blue Note et lui donne toutes les informations logistiques puisque nous ne sommes pas au même hôtel. Je me lève.

- OK on se retrouve vers 22h même endroit ? dis-je en me tournant vers ma voisine.

- Bon diner Jacques, 22h c'est bien. Nous aurons ainsi tout notre temps ensuite.

Le temps de signer la note et je m'enfuie rapidement, fantasmant déjà dans ma tête à la suite de cette interview.

CHAP 40

Mercredi 29 Avril 19h30 heure de New York

La steak house était comme à l'habitude très bruyante. Villeneuve et ses amis étaient arrivés après le début du service et ils étaient ainsi condamnés à une attente assez longue. Cela ne les dérangeait pas vraiment car cela faisait près de neuf mois qu'ils ne s'étaient pas vus et ils avaient beaucoup à partager.

Le merlot succéda au shiraz et Villeneuve tenta de leur faire comprendre les enchainements qui avaient conduit à son job actuel, du moins ce qu'il pouvait en dire. Il est beaucoup moins rare aux USA que les proches d'un président élu viennent de la vie civile et au fond cette irruption de Villeneuve dans un rôle de ministre ne les choquait pas outre mesure. La commande venait d'être passée lorsque le téléphone de Villeneuve vibra dans sa poche. Ce dernier vit le nom de Matthew s'afficher et il décida de prendre l'appel. Il quitta la table pour rejoindre l'entrée du restaurant un peu plus calme.

- Bonjour Matthew, un problème à Strasbourg ? Sur l'instant, il ne réfléchit même pas du tout au fait qu'il était près de 3h du matin à Paris…

- Bonjour Jacques, je ne vous ai pas dit mais je suis à New York. Je ne pouvais décemment pas rester en France alors que vous étiez ici, mes différents clients n'auraient pas compris. Corinne est au courant.

- Vous me l'auriez dit, vous auriez pu bénéficier de l'avion présidentiel !

- Pas de regrets, j'en profite pour rester plus longtemps et passer le week-end du 1er mai. Quand pourrai-je vous voir 15mn pour une interview cette fois avec une photo de New York en arrière-plan ?

Villeneuve aurait pu être désagréable avec ce journaliste qui le relançait sans vergogne à l'heure du diner mais depuis le début, il le trouvait attachant et surtout sans arrières pensées. Matthew faisait son job avec naturel !

- Demain peut-être, il faut que je voie le meilleur moment en fonction de mon agenda.

- En fait, pour être tout à fait honnête, je suis passé à votre hôtel tout à l'heure en espérant faire cette interview dès ce soir mais vous étiez en très charmante compagnie et je n'ai pas voulu vous déranger

- Oui, une collègue à vous, se sentit obligé d'ajouter Villeneuve comme s'il était coupable, une journaliste de Vanity-Web

- De chez qui ?

- Vanity-Web, Anita quelque chose.

Je vais être obligé de vous quitter Matthew, je suis au resto avec des amis. Je vous envoie un sms pour vous dire le meilleur moment pour l'interview.

Villeneuve revint à table en même temps que son filet mignon bien cuit (un pur sacrilège pour tout amateur de viande de bœuf aux USA !) accompagné d'épinards à la crème. Il n'avait pas fini son plat qu'un sms fit à nouveau vibrer son téléphone – *Vanity-Web inconnu dans le métier. Le nom a été déposé hier matin par une société d'avocats opérant dans le New Jersey. Matthew -* Villeneuve resta un moment étonné et pensif. Il retrouva dans une poche de sa veste la carte de visite que lui avait donné sa visiteuse et répondit immédiatement – *Anita Roberts ??? JV*

Cette fois il eut largement le temps de manger son désert (un cheesecake préparé avec la même recette depuis près de cent ans) avant la réponse de Matthew – *AR inconnue aux différents syndicats des journalistes américains. M –*

Après le diner, Villeneuve laissa ses amis à l'angle de la septième avenue devant le Carnegie Hall. Il remonta le col de son imperméable et décida de marcher quelques blocs afin de réfléchir à la suite. Matthew ne pouvait pas s'être trompé. Journaliste depuis sept ans maintenant, il était sur son terrain de jeux et connaissait tout le monde. Quelque chose clochait avec cette Anita Roberts.

- Matthew ? Je vous dérange ?

- Non, ça va, je bois un dernier verre avec quelques amis.

- Aucune chance que vous vous soyez trompé sur Vanity-Web et sur Anita

- Pour Vanity-Web, sûr à 200% car j'ai vérifié avec une amie qui tient une régie de publicité. Pour Anita Roberts, sûr à 99% car aucune journaliste n'est déclarée à ce nom dans aucun des syndicats. Peut-être n'est-elle pas américaine ? Ou alors elle a débuté aujourd'hui !

- Bien, merci beaucoup de votre aide Matthew. Cela veut dire qu'il y a probablement un loup ?

- Oui j'en ai bien peur.

Villeneuve avait eu le temps de réfléchir à son programme du lendemain avant d'appeler son correspondant

- Demain matin 7h pour le petit déjeuner au Méridien ?

- OK avec plaisir dit Matthew et à 8h si vous êtes d'accord je programme une photo au « Top of the rock ». Avec le soleil levant et le beau temps annoncé, ce sera génial !

- OK, à demain matin.

- Take care

Villeneuve descendit tranquillement la 7ème avenue jusqu'à « Time Square » afin de réfléchir à la situation. Il savait pertinemment qu'il n'avait pas un physique type Alain Delon, ce n'était donc pas pour son sex-appeal que cette Anita l'avait abordé, ses 63 ans, même bien conservés, n'ayant rien arrangé. Certes, certaines personnes sont très attirées par le pouvoir… et par l'argent qui va souvent avec…Quand même ! Tout cela lui parut suffisamment bizarre pour qu'il ne prenne aucun risque.

Après une demi-heure de marche, Villeneuve se décida à rentrer. Il ne passa pas par le bar et monta directement se coucher. Un reste de bonne éducation l'empêcha de laisser attendre Anita sans nouvelles. De plus, elle pouvait tenter de l'appeler ce qu'il ne souhaitait pour rien au monde. Ne surtout pas s'exposer à la tentation ! Il était capable de céder ! Il appela la réception et demanda de lui porter un message dans le bar et qu'ensuite on ne lui passe plus personne au téléphone.

CHAP 41

L'avion présidentiel s'était enfin envolé au départ de Teterboro. Enfin car la limousine du Premier Ministre avait été retardée une grosse demi-heure par un accrochage entre deux voitures dans la bretelle de montée sur le « Washington bridge ». Bizot était rayonnant malgré le lever très très matinal. Laissant son épouse somnoler, il décida de saluer un à un les collaborateurs et les invités de ce voyage qui s'étaient rassemblés par affinité dans l'avion à moitié vide. Il leur accorda un moment pour faire ce qu'il savait faire le mieux, de la communication. Il termina par Villeneuve qui s'était calé dans le fond avec la ferme intention de faire une grande sieste.

- Je voulais te remercier encore Jacques. La réunion avec le département d'Etat a été une franche réussite et tu y es pour beaucoup.

Villeneuve regarda son premier ministre avec un large sourire. Il le pria de s'assoir quelques minutes à côté de lui.

- Merci François mais au risque d'être un peu rabat-joie, ne te fais pas trop d'illusions, tu dois comprendre que s'ils ont signé, c'est qu'ils avaient le mandat pour le faire. Sans doute avions-nous bien préparé le terrain et la réunion fut très cordiale et productive mais ce n'est pas uniquement notre force de persuasion qui a joué. Ils avaient aussi bien préparé leur rendez-vous et ils savaient jusqu'où aller. Tout au plus avons-nous obtenu le maxi de la fourchette qu'ils avaient anticipée.

Bizot regarda son interlocuteur en fronçant les sourcils comme s'il ne comprenait pas bien

- Les américains sont très organisés, toujours bien préparés. Ce n'est pas pour rien qu'à la fin de la seconde guerre mondiale, ils étaient capables de lancer un « liberty ship » par jour ! Organisés et disciplinés. C'est ce qui fait la force des grandes armées et des grandes nations.

- Tu les admires beaucoup Jacques ?

- Oui et en même temps, je ne leur reconnais pas toutes les qualités. Ils sont très « prédictibles ». Ils collent aux procédures. Ils ne dérogent pas. Les français sont beaucoup plus créatifs, plus agiles face à l'imprévu. Au total, on se complète bien.

Devant son interlocuteur qui de joyeux était devenu soudain grave, Villeneuve enchaina.

- Mais rassure-toi, tu pourras faire valoir au Président ta réussite sur ce dossier car je pense que l'on a obtenu le maximum et ce n'était pas gagné. Dix ou douze pour cent de plus, cela n'est pas rien !

Bizot se dit que ce zozo décidément réfléchissait trop, prenait trop de recul !

- Je te remercie surtout beaucoup Jacques pour la soirée « jazz ». INOUBLIABLE !

Ma femme veut absolument que l'on revienne rapidement à New York. Nous avons tout adoré, l'architecture, l'atmosphère… Nous comprenons un peu mieux maintenant ton amour pour cette ville.

Nous avions la table au plus près de l'orchestre…C'était juste divin !

Bizot avait encore des étoiles dans les yeux et plein de musique dans les oreilles !!

- Tu me dois 120 dollars au fait pour la réservation. C'est le prix que j'ai payé pour disposer au dernier moment de cette table réservée au gratin…

- 100 euros c'est bon ?

- C'est parfait.

- Et puis, je jour où tu as besoin de quelque chose tu me dis. Je me sens vraiment redevable, si, si. Quelle que soit la demande !

Bizot reparti, Villeneuve ferma les yeux et se figura quelle demande il pourrait bien lui faire. Après un moment, une idée germa. Oui, très bientôt il irait lui faire une demande un peu spéciale.

CHAP 42

Samedi 2 Mai 10h45

- Tu aurais dû me réveiller plus tôt dit Villeneuve à son épouse

- N'importe quoi ! Tu n'as même pas bougé quand je me suis levée. A ton âge, un double décalage horaire en trois jours, c'est peut-être trop répliqua Michèle avec un ton espiègle.

- Ce n'est pas faux. Et pourtant j'avais dormi 3 heures dans l'avion mais c'est toujours pareil, c'est avec ce type de décalage cumulé avec la semaine dans les jambes que l'organisme paye l'addition.

- Alors New York ? Toujours passionnant ?

Villeneuve lui fit un rapide compte-rendu de son voyage pendant qu'il prenait son petit déjeuner :

- Au fait, j'ai vu Roger au Méridien

- Quel bel homme !

- Terriblement efficace aussi, il m'a permis de dépanner Bizot pour le jazz

- Tu n'avais pas demandé à Maxim ?

- Il est en retraite depuis 6 mois. Roger m'a passé son email. Il est installé au sud de Miami.

- Génial ! Quand nous irons en Floride, il pourra nous donner les meilleures adresses. C'est une véritable mine d'or ce garçon.

Reprenant une tasse de café, Villeneuve s'étira. Il décida de lui raconter l'histoire avec Anita

- Au final, c'est très louche cette histoire car le lendemain, elle n'a même pas cherché à me joindre. Une vraie journaliste aurait réessayé.

- D'une certaine manière, Matthew t'a sauvé la mise alors ?

- …

- Tu aurais craqué sinon ?

- La question ne s'est pas posée répondit-il

Voyant son épouse le fixer en attendant une vraie réponse à sa question, Villeneuve secoua la tête :

- Elle était incroyablement désirable. Honnêtement, je ne sais pas.

- Peut-être qu'elle t'aurait accusé d'harcèlement sexuel, de viol ? Ça se fait beaucoup aux US

- Merde ! Oui ! Cela ne m'a même pas effleuré. Dans le bar, cela n'était évidemment pas possible mais ensuite… Mince, c'est fou, je n'y avais même pas pensé…

J'ai pris la bonne décision sans le faire exprès.

- Tu pourras envoyer des fleurs à Matthew

Tous deux restèrent un moment dans leurs pensées

- Cela n'explique pas qui pourrait être derrière. Tout cela n'a aucun sens. Je suis inconnu, candidat à rien. Je ne gêne personne aujourd'hui.

- Qui sait ?

CHAP 43

Mercredi 13 Mai 11h15

Alex avait reçu deux jours avant la carte postale annonciatrice de résultat. Il descendit au troisième sous-sol retrouver son ami qui l'attendait dans sa voiture.

- Alors, bonne pêche ?

- Je ne sais pas en fait. J'ai un résultat mais un résultat partiel. La cible a été super méfiante et n'a pas mordu complètement à l'hameçon. Surtout, le moyen que j'avais utilisé est maintenant grillé. Si tu as besoin de plus, il faudra trouver autre chose car je ne suis pas sûr que le sexe soit approprié.

Alex regarda son partenaire puis le jeu de photos qu'il lui tendit : sa cible attablée avec une très jolie femme. Absolument craquante. Sur l'une d'elles, leurs deux têtes étaient très proches et une main recouvrait amoureusement l'autre.

- Ce n'est pas si mal. Ton photographe est excellent et il y a beaucoup de complicité, voire plus, qui se dégage de cette photo. Le seul bémol est la main. C'est celle de l'autre qu'il aurait fallu par-dessus ! Le reste est absolument parfait. Avec les trois autres photos, on reconnait bien l'endroit je pense pour quelqu'un qui y est déjà allé…

Tous deux restèrent un moment silencieux

- Tu ne peux rien faire avec Photoshop pour cette main ? demanda Alex

Son camarade repris les photos et regarda attentivement le cliché en question.

- Ça me parait tout à fait jouable, encore faut-il que je trouve le bon expert, et surtout qu'il ne pose pas de questions, qu'il tienne sa langue.

Tu auras cela d'ici deux ou trois semaines même endroit même heure. Je te préviens comme d'hab.

- Prend ton temps, ce n'est pas pressé

CHAP 44

Jeudi 21 Mai 8h45

J'étais heureux ce matin de voir toute ma bande, mon équipe devrai-je dire, pour ces deux journées de réflexion au vert et au pale soleil du Perche. Nous avions réservé la totalité des douze chambres d'un petit hôtel de charme à une heure de Paris. A ce moment de l'année et en dehors des ponts et des congés scolaires, le coût était très abordable.

Tous sont au rendez-vous, certains plus à l'aise car ayant déjà vécu ce type d'expérience dans leur carrière précédente comme Isabelle, Bernard et Fabien. Les autres un peu interrogatifs comme Corinne, Jérôme et Marion. J'ai bien sûr invité Matthew.

Un débat intense s'était tenu entre nous sur l'opportunité d'inviter les trois députés qui nous ont accompagné et des élus locaux issus de nos réunions d'élus. Au final, j'ai décidé de les inviter et 2 députés disponibles sont avec nous ainsi qu'un élu local du Finistère et un des Landes. Malheureusement, la parité en politique étant encore limitée au niveau local, j'ai 3 élus homme et une seule femme. Notre groupe total part avec 4 femmes et 7 hommes ce qui n'est ni idéal, ni dramatique.

Onze personnes donc sur la ligne de départ pour un objectif ambitieux. Je souhaite accoucher en deux jours d'un canevas clair concernant cette reconquête de l'électorat. Nous avons réalisé en plus de nos réunions « citoyens » deux réunions d'élus, toujours avec vingt personnes pour être sûrs que chacun s'exprime complètement. Une dans le Finistère sud, l'autre dans les Landes. Sans compter les presque 700 contributions spontanées mises sur notre site. Dont une vingtaine d'ONG sérieuses. La matière ne manque donc pas.

Chacun a reçu deux jours auparavant un recueil de toutes les contributions avec leur poids en nombre de citations. Ils sont censés les avoir lues.

Le séminaire propose un programme simple en 4 questions :

- Qu'est-ce que les électeurs attendent de leurs élus ?

- Quelle communication entre électeurs et élus ?

- Quels élus ?

- Quelles modifications des élections à suggérer ?

Avec un mot important à décliner dans toutes les questions : la CONFIANCE. Pas de confiance, pas de nouveau contrat avec les français.

J'ai prévu aborder une question par demi-journée mais il n'y a pas d'étanchéité obligée entre les questions. Tout sera noté et toutes les passerelles seront les bienvenues. Chaque fois le même rythme : 2 groupes de 5 ou 6 travaillent 45mn puis confrontation des résultats et conclusion en 1h. Jérôme et Marion qui maitrisent le mieux les outils modernes seront les rapporteurs chacun dans un groupe.

Une chose que j'ai travaillée soigneusement est la composition des groupes car le panachage et l'équilibre de ces groupes est primordial.

Chacun prend café ou thé pendant que j'expose les règles du jeu. Ortola, toujours lui, toujours prompt à contester indique immédiatement que la clause de confidentialité le gêne. Ma proposition de le ramener avant le début du travail à la gare toute proche le calme et il accepte de ne pas divulguer ni de commenter à l'extérieur nos travaux. En réalité, j'avais imposé cette clause pour Matthew qui pourra parler de la méthode utilisée mais surtout pas du contenu.

Le détail des réponses aux différentes questions fera l'objet d'un rapport au Premier Ministre et au Président, rapport qui sera alors sans doute débattu au parlement. Avant cela, rien ne doit sortir car nous n'en sommes qu'au niveau projet.

CHAP 45

Vendredi 22 Mai 18h15

La salle de réunion est surchauffée et il apparait évident que les organismes sont fatigués après ces deux jours d'enfermement. Fatigués mais désireux d'aller au bout des choses. Villeneuve décide de refaire un dernier tour de piste sur la question n°3 qui doit répondre sur le choix des élus. C'est en fait la question qui a posé le plus de controverses car pour les autres, l'unanimité a été obtenue sans trop de difficulté.

Concernant cette question 3, un accord unanime a été trouvé sur la plupart des points :

- Pas de changement pour les élections municipales

- Elections des mandats départementaux et régionaux par les élus municipaux et non par les électeurs

- Election des sénateurs par tous les élus intermédiaires

- Réduction du sénat à 105 membres c'est-à-dire 1 élu pour 6 ans par entité départementale et d'outre-mer. Cette chambre devenant clairement celle des territoires.

- Possibilité de cumuler un mandat local et un mandat national ou européen

- Pas de mandats consécutifs pour députés et sénateurs

- Une dose de proportionnelle pour l'assemblée nationale

- Pas de changement pour les élections européennes par listes nationales

Le point d'achoppement reste le nombre de députés et la dose de proportionnelle. Les députés présents souhaitent ajouter une toute petite partie de députés élus à la proportionnelle à ceux existants alors que les réunions « citoyens » ont clairement indiqué qu'ils souhaitaient moins de députés.

Villeneuve ne veut absolument pas faire voter le groupe au risque de le diviser sur ces deux derniers points alors que le reste s'est déroulé en parfaite concertation avec au final une unanimité sur les propositions

- Je vous signale que les Etats unis sont presque 5 fois plus peuplés et ils n'ont que 365 représentants rappelle Villeneuve que Matthew approuve d'un hochement de tête

- Mais leur pays est infiniment plus décentralisé rétorque Ortola qui d'une certaine façon défend son job et qui sur ce point précis n'a pas tort !

- Je suis obligé de trancher car je ne voudrais pas empiéter encore plus sur votre week-end conclue Villeneuve.

Est-ce que 450 députés dont 90 à la proportionnelle (et donc 360 élus avec les circonscriptions classiques) peuvent réunir vos différentes sensibilités ? Je vous rappelle qu'une large majorité des citoyens rencontrés souhaitaient une diminution – elle y est, environ 20% – et en même temps une dose de proportionnelle – elle y est, 20% des sièges -

Les 90 députés à la proportionnelle sont déterminés par le cumul national des partis au premier tour, les cumuls inférieurs à 3% n'obtenant pas de siège.

Les autres sur deux tours avec les règles d'aujourd'hui.

Je vous rappelle enfin que c'est une proposition et que nos réunions suivantes pourront affiner la chose sans parler du Président et du Premier Ministre qui voudront y mettre le poids de leur expérience.

Un silence se fait tandis que Villeneuve se penche vers Ortola qui est assis du même côté de la table

- C'est correct et équilibré dit ce dernier

- Alors le séminaire est terminé. Merci infiniment pour vos contributions. Les propositions seront présentées dans un avant-projet semaine prochaine au Premier Ministre et je vous rappelle une dernière fois avant de nous séparer la confidentialité sur nos travaux.

Villeneuve fit le tour de la table tandis que chacun remballait ses affaires. Il resta un moment plus long avec Ortola :

- Merci d'avoir joué le jeu. Vous avez su dépasser les enjeux personnels et partisans et c'est seulement comme cela que nous progresserons dans l'intérêt de tous.

- Compliment pour compliment répondit Ortola, vous m'étonnez chaque fois que l'on se voit. Vous m'étonnez et vous bouleversez aussi certaines de mes convictions et de mes certitudes je l'avoue.

Il faudrait un type comme vous pour remettre de l'ordre dans la boutique « France ».

CHAP 46

Lundi 25 Mai 8h30

L'avantage avec François Bizot est que c'est un lève-tôt. Je ne sais pas exactement combien de temps il dort mais probablement pas beaucoup. Après échange de sms hier dimanche, j'ai pu le voir ce matin à 7h pour lui remettre l'avant-projet que nous avions finit le samedi matin avec Corinne et Jérôme. Je l'ai bien observé pendant qu'il découvrait notre présentation sur l'écran de sa salle de réunion et je n'ai pas décelé de point dur qui ait pu le faire bondir. Je lui ai demandé un retour de sa part dans la semaine.

Après un café/viennoiseries habituel chez lui, je l'ai briefé rapidement sur la faveur que je souhaitais lui demander suite à sa proposition dans l'avion : assister sans dire un mot à une réunion rapide avec Philippe son Chef de cabinet et plus proche collaborateur depuis des années. Le « sans parler » l'a évidemment fortement étonné mais je ne veux pas dévoiler mes cartes ne sachant pas jusqu'où lui-même est mouillé.

- OK j'accepte me dit-il du bout des dents mais c'est quand même très bizarre ton truc

- Cet échange ne sortira pas d'entre nous trois, je m'y engage répondis-je afin de le rassurer

Philippe nous rejoint et il s'assoie en face de moi avec une tasse de café. Nous l'affranchissons en trois mots sur le dossier « citoyens » qu'il aura probablement à éplucher et challenger pour son patron.

- Philippe, j'aimerais maintenant que tu regardes attentivement cette photo lui dis-je en tendant le cliché de la voiture qui m'avait percuté

Un silence s'installe. Philippe nous regarde l'un après l'autre et il apparait évident qu'une parole de son patron l'aurait aidé. Lorsqu'il comprend qu'il n'aura pas d'aide, Il détaille à nouveau la photo avant de la reposer sur la table.

- Un commentaire ?

- Non

Je lui passe alors à lire le dossier complet ainsi qu'une copie à son patron. Pendant qu'il le décrypte, je vois le plus grand étonnement sur le visage de Bizot. Manifestement, il découvre.

- C'est quoi ce cirque ? demande Philippe en se tournant vers Bizot, je n'ai pas à répondre à ses questions

Je reprends immédiatement la parole

- Philippe, je sais que tu étais dans cette voiture, ton nom est marqué sur le relevé de courses de la voiture

- C'est faux, il n'y a pas de nom !

- Comment le sais-tu ?

Philippe comprend immédiatement qu'il s'est vendu. Il a réagi trop vite, instinctivement. Il se met un instant la tête dans les mains. Après un moment, il nous regarde.

- Je n'ai pas à te justifier mes faits et gestes insiste-t-il

- Je répète ma question qui est très simple : est-ce que tu étais dans cette voiture ?

- Oui. Avoue-t-il après un long moment

- Pourquoi ne t'es-tu pas arrêté ?

- Pressés, nous étions trop pressés. J'ai ordonné au chauffeur de repartir au plus vite. Désolé pour toi.

Un ange passe...

- C'est le chauffeur qui a parlé ? demande-t-il lorsqu'il reprend ses esprits

- Non, c'est complètement par hasard quand j'ai vu la voiture dans la cour de Matignon et qu'un très bon ami a pu accéder au relevé des véhicules. Un travail de recoupement m'a livré ton nom parmi 2 possibles et c'est toi qui vient de boucler la boucle. Il n'y a que moi au courant, et pour cause.

Bizot s'agite depuis un moment. Il met la main sur mon avant-bras pour attirer mon attention et il me fait comprendre d'arrêter. Je décide de lui obéir et de lui faire confiance.

- Merci Philippe, tu peux nous laisser maintenant lui dit-il

Bizot m'observe intensément pendant que son plus proche collaborateur quitte le bureau.

- Tu as de drôles de méthodes Jacques

- Tu aurais parlé ?

- Non bien sûr. C'est une affaire classée Secret Défense et tu n'en sauras pas plus. Ni Philippe, ni moi n'avons le droit.

- OK, peut-être puis je hasarder une hypothèse ?

J'ai reconstitué le parcours grâce au GPS de la voiture. Ou plus exactement quelqu'un l'a fait pour moi car j'en serai bien incapable. C'est quand même pratique ces systèmes. Pratique et dangereux.

Le stop dans la cour de la Banque de France et l'aller-retour ensuite jusqu'à l'aéroport de Villacoublay….

- Jacques, je ne répondrai plus à aucune de tes questions. Oui c'était Philippe, oui il était pressé et probablement stressé, non je n'étais pas au courant de l'incident te concernant. Point. Fin de l'histoire.

- Et cela n'a rien à voir avec les 2 journalistes otages récupérés dans le désert du Sahel le jour même ? Otages pour lesquels le Président a juré devant la France entière que nos forces armées les avaient libérés sans verser d'argent ?

- Pas de commentaires

Bizot me regarde d'un air grave. J'ai l'impression qu'il m'a tout dit et même au-delà. Je comprends que jouer aux devinettes avec lui n'apportera rien de plus. Je referme mon dossier.

- Merci François, je comprends ta position et je te remercie. Cette mésaventure est derrière moi maintenant et ce dossier va retourner dans mon coffre, bien au chaud.

CHAP 47

Lundi 25 Mai 14h45

C'était à nouveau le ballet bien réglé des journalistes qui se pressaient pour la deuxième conférence de cet étonnant Ministre des Citoyens. Etonnant car à part le blog d'un obscur journaliste américain qui le suit depuis son arrivée et qui poste un message presque tous les jours, Villeneuve avait été quasiment absent des médias nationaux. Tout au plus avait-il fait l'objet de quelques traductions dans les journaux régionaux. Il avait également longuement été cité et encensé par un député communiste dans le JDD...

Ils étaient plus d'une centaine à s'entasser en demi-lune autour d'une petite estrade. Comme pour la première fois, ils avaient dû exprimer au moins un sujet de question à leur arrivée, cette fois à l'une des trois hôtesses qui le notaient sur leur IPad.

Isabelle la Directrice de la Communication était pour l'instant seule sur l'estrade et elle regardait sur un écran le cumul des sujets au fur et à mesure des entrées. Son ministre devant arriver d'une minute à l'autre, elle présélectionna trois d'entre elles qui représentaient près de la moitié des préoccupations de la presse.

Villeneuve entra à l'heure, habillé exactement comme la première fois, envoyant peut-être par là un message subliminal de continuité dans son action. Isabelle donna la parole au premier journaliste.

- Bonjour Monsieur le Ministre, où en êtes-vous de votre travail sur la reconquête de l'électorat ?

- Bonjour à tous

Après 6 semaines, autant de réunions et beaucoup de contributions sur notre site, je peux dire que nous commençons à avoir, mon équipe et moi, une vision assez claire du diagnostic.

J'aurais bien voulu concentrer ce résumé en trois mots clés mais à l'instar des trois mousquetaires, mes « trois mots » sont quatre : confiance, communication, transparence et… efficacité. Tous ces mots étant intimement liés bien sûr.

LA CONFIANCE.

Les électeurs n'ont plus confiance dans leurs élus, à la fois d'une façon générale parce qu'ils pensent que ces derniers ne les écoutent pas, également parce qu'ils vivent « dans un autre monde » et que s'ils les écoutent, ils ne peuvent pas les comprendre. Le mal est donc profond, très profond et il ne date pas d'hier. Les seules élections où leur jugement est moins sévère sont les municipales car ils ressentent que ces élus-là sont proches d'eux et aussi, paradoxalement, la présidentielle car via la télévision et les différents débats, une certaine proximité s'installe. Ils espèrent toujours que ce roi qu'ils élisent va mieux prendre en compte leurs aspirations.

LA COMMUNICATION.

L'incompréhension dont j'ai parlé marche bien sûr dans les deux sens et pour bien se comprendre, il faut parler le même langage, employer des mots et des phrases qui ont le même sens. Que représente pour le commun des citoyens le pourcentage d'endettement du pays rapporté au PIB ? Qu'est-ce que le PIB d'ailleurs ? Que veut dire un changement de paradigme ? C'est quoi cette règle des

3% maximum de déficit du budget édictée par Bruxelles ? Je pourrais multiplier les exemples. Faute de bien comprendre les enjeux, les citoyens s'arque boutent alors sur des symboles qui leur parlent parce qu'ils sont simples voire simplistes : si je diminue le nombre de députés, cela coutera surement moins cher. Si je ne donne pas de personnel aux anciens premiers ministres et présidents, cela économisera sur le budget de la France. Cela est vrai mais complètement marginal.

Les citoyens gèrent leurs budgets, globalement plutôt bien. Il n'y a aucune raison qu'ils ne comprennent pas celui de la France si on leur parle avec leur vocabulaire.

LA TRANSPARENCE.

Il faut parler vrai aux citoyens, ils sont capables de comprendre. Qui peut dire combien coûte la justice en France pour chaque citoyen ? Combien coûte cette justice chez nos voisins comparables ? Combien coûte la santé, les retraites ? Non pas en milliards qui ne veulent rien dire mais en euros par habitant. En valeurs qui sont à leur échelle, qu'ils peuvent assimiler.

Les postulants députés et autres prétendants inondent leurs électeurs potentiels de chiffres à chaque vote. Beaucoup de ces chiffres sont d'ailleurs utilisés pour faire peur. Chiffres soigneusement choisis pour supporter leurs démonstrations.

Il n'y a pas de meilleure façon (ou de pire) de mentir aux gens que d'utiliser des statistiques disait un intellectuel dont j'ai oublié le nom.

Ne peut-on pas éduquer les uns et les autres à parler avec les mêmes données de façon continue et les partis se positionneraient alors en fonction de leur sensibilité sur l'augmentation ou la diminution de choses claires et compréhensibles pour le citoyen ?

L'EFFICACITE

Les citoyens qui travaillent dans des entreprises privées nous parlent d'indicateurs, de résultats, de performances. Il n'y a pas la même approche dans les services publics. Qui en mesure l'efficacité ?

Tous les citoyens en tout cas ne sont pas toujours persuadés que leurs impôts sont bien utilisés, que la machine achetée par leur commune ne pourrait pas être empruntée à la commune d'à côté, que le gendarme qui se gèle devant sa guérite en garde statique ne pourrait pas être remplacé par un autre système. Leurs interrogations indiquent clairement qu'ils souhaitent plus de services publics mais qu'ils les aimeraient surtout plus efficaces.

Villeneuve pris un verre d'eau pendant que les uns et les autres vérifiaient leur matériel d'enregistrement ou commençaient déjà à commenter à voix basse avec leurs voisins immédiats.

- Voilà, j'ai répondu un peu longuement mais ces mots sont des concentrés essentiels des multiples contributions reçues et les solutions à venir devront en passer par là.

- N'avez-vous pas l'impression de trouver très vite voire trop vite des éléments de réponses que les politiques recherchent depuis des décennies ? Est-ce qu'un travail aussi rapide est bien sérieux ?

- Votre question serait presque drôle si elle n'était pas un peu piquante.

Il y a un grand principe (un de plus me direz-vous) dans les services de recherche : on ne trouve que ce que l'on cherche. Si on ne cherche pas, aucune chance de trouver. C'est d'ailleurs lorsque l'on trouve ce que l'on ne cherche pas que l'on fait des découvertes de rupture mais cela n'arrive pas tous les jours, c'est très rare et c'est un autre sujet.

Pour revenir à notre problème, si les politiques, comme vous dites, n'ont pas trouvé depuis des décennies, c'est qu'ils n'ont pas réellement cherché. Etait-il réellement nécessaire jusqu'alors de faire des gros efforts de confiance, de communication, de transparence ou d'efficacité pour se faire élire ? L'ont-ils fait sciemment ou de toute bonne foi ?

Aujourd'hui, mon travail est de trouver des clés de compréhension et de proposer des solutions, pas de faire le procès de untel ou untel. Le monde change, ce qui était bon il y a 10, 30 ou 50 ans ne l'est plus aujourd'hui. Les citoyens de 2015 sont ce qu'ils sont et nous devons adapter notre démocratie à ce qu'ils sont, pas l'inverse.

Maintenant il y a votre question sur la rapidité du diagnostic.

D'abord, sachez que nous n'avons pas encore terminé mais ce diagnostic et les propositions qui suivront sont une affaire de mois, pas d'années.

Ensuite, je ne prétends pas identifier aujourd'hui 100% des problèmes mais si nous en identifions 90% rapidement, nous pourrons commencer à agir.

Vous connaissez tous j'espère le mot « asymptote » que vous avez peut-être utilisé en mathématiques dans votre jeunesse. Une asymptote est une courbe qui se rapproche d'une droite lorsque cette droite tend vers l'infini, sans jamais la toucher. Victor Hugo disait de façon beaucoup plus littéraire et poétique que « la science est l'asymptote de la vérité ».

Pour revenir à notre mission, nous nous rapprochons du bon diagnostic de façon asymptotique. Ce qui veut dire qu'il faudrait un temps très long pour être parfait. Encore une fois, lorsque nous aurons compris environ 90% des problèmes, cela sera suffisant pour agir correctement, efficacement et j'espère rapidement.

Plusieurs mains se levèrent et Villeneuve se tourna vers Isabelle. C'était à elle de gérer.

- Est-ce à dire que votre mission va bientôt s'arrêter ?

- Non car nous n'en sommes qu'au diagnostic. Ensuite il faudra choisir les solutions puis agir ce qui n'est pas chose facile en politique. Car un synonyme d'agir, c'est réformer et réformer en France n'a jamais été évident, vous le savez aussi bien que moi. Enfin j'imagine car j'ai encore des choses à apprendre dans ce domaine.

- Est-ce que tous les élus sont considérés de la même manière par les électeurs ?

- Merci beaucoup pour votre question car j'allais oublier peut-être un des points essentiels de notre étude.

Villeneuve prit le temps de boire à nouveau et jeta un coup d'œil circulaire à l'assistance. Il n'avait évidemment pas oublié ce qu'il allait dire et la question lui était d'ailleurs posée par Matthew, complice en l'occurrence...

- Au-delà des mots clés évoqués, il y a une constante vérifiée dans toutes nos réunions et dans toutes les contributions : plus les élus sont proches du terrain, c'est-à-dire en creux proches des électeurs, plus ils sont compris et respectés, que les électeurs soient d'accord politiquement avec eux ou non. Les Français apprécient leurs élus municipaux, c'est une certitude. Plus les élus sont éloignés, les députés européens par exemple, moins ils les respectent. Avec l'anomalie du Président qui étant hyper exposé et sur médiatisé leur semble à la fois éloigné mais très proche.

- Etes-vous capable de dresser une échelle de proximité ou de respectabilité si l'on peut s'exprimer ainsi ?

- Oui, tout à fait. Dans notre diagnostic, nous parlons plutôt d'adhésion que de respect. L'ordre décroissant est le suivant : élus municipaux, président, cantonales, régionales et législatives à peu près à égalité, européennes.

J'anticipe l'éventuelle question complémentaire sur les écarts en valeur en vous indiquant qu'il est trop tôt pour donner une pondération précise mais globalement sur l'échantillon étudié, on passe de 85/90% d'adhésion aux municipales à 40/45% aux européennes. C'est très significatif car on passe du simple au double.

- Vous nous parlez facilement de confiance et transparence et vous êtes le seul Ministre à payer l'ISF, n'est-ce pas un peu gros pour un gouvernement de gauche ? aboya un jeune barbu au premier rang qui surprit Isabelle en hurlant sa question à peine la réponse précédente de Villeneuve terminée

Une tension immédiate put se lire sur tous les visages. Le langage corporel de Villeneuve montra qu'il hésitait un moment sur la réponse à apporter. Après avoir repris un peu d'eau, il se décida à rompre le silence.

- Je ne comprends pas bien le sens de votre question ou alors j'ai peur de le comprendre trop bien.

Si c'est pour faire du buzz et redire à tous que je paye l'ISF, ce qu'un journal satirique paraissant le mercredi a déjà fait entre nous et ce qui apparait de façon transparente dans ma déclaration obligatoire remplie au début de mon mandat, déclaration accessible sur internet, ce n'est pas terrible. Je ne vous félicite pas. Pour un journaliste, ce n'est vraiment pas un scoop.

Si c'est pour insinuer que parce que je paye cette ISF je suis disqualifié pour traiter de la mission que l'on m'a confiée, alors là je reste sans voix.

Payer l'ISF serait-il à vos yeux le marqueur d'une idiotie démontrée ? d'une totale incapacité intellectuelle ? d'une tare irrémédiable ?

Je ne voudrais pas poursuivre dans cette voie et regretter un jour mes propos. Je préfère donc prendre une autre question

- Vous payez l'ISF et vous allez ajouter un gros salaire de Ministre à une retraite que l'on peut imaginer très confortable. Insista le garçon

- En quoi cela me disqualifierait-il pour assurer la mission que l'on m'a confiée ?

- Non taisez-vous, je n'ai pas fini de répondre.

Villeneuve avait parlé d'un ton qui n'était plus très bienveillant. Il fit taire son interlocuteur d'un geste de la main.

- Avant de clore définitivement cet échange avec vous Monsieur, je souhaite insister et rappeler que je ne vois pas en quoi la rémunération de quelqu'un aurait à voir avec la qualité du résultat.

S'il devait y avoir une relation, je la vois plutôt dans l'autre sens. Un travail de qualité est souvent plus coûteux qu'un travail bâclé. Dans les sociétés privées, il arrive même très souvent que la rémunération des salariés soit pour partie fonction de la qualité des résultats.

Passons maintenant à une vraie question, la dernière car l'heure tourne…

Villeneuve fut manifestement agacé par cette fin qui tourna en attaque personnelle de la même façon que la première conférence de presse avec l'histoire du golf. A croire que ce sont les petits ragots et les rumeurs qui intéressent plus les journalistes, ou tout du moins certains, que le fond des choses. Une contrepartie pénible à la liberté de la presse. A la liberté d'expression tout court en fait.

Jeudi 28 Mai 9h15

L'équipe de Villeneuve était presque au complet. Ce dernier avait tenu à ce qu'ils assistent en direct au débriefing de l'avant-projet par le premier ministre, lui-même accompagné par Philippe.

- Avant de regarder en détail les trois parties de votre travail, je souhaite vous féliciter tous et votre ministre plus particulièrement. Vraiment un beau boulot mené en un temps record. Moins de deux mois. C'est d'ailleurs peut-être la première critique que certains pourront faire. Le temps. Je comprends bien que la méthode utilisée est originale et performante mais attendez-vous à recevoir des attaques de ce côté-là.

Villeneuve faillit interrompre son Premier Ministre pour justifier ce point mais il savait que Bizot avait raison. Comment expliquer que des décennies de mauvaise relation élus-citoyens soient expliquées aussi vite ?

- Maintenant, regardons en détail vos trois chapitres et en premier le diagnostic. Philippe vous fera une contribution écrite mais globalement, j'adhère à 99% à votre analyse. La méthode de tirer au sort un petit nombre de citoyens et d'élus pour les faire parler est brillante. Ensuite la répétition des réunions, 5 pour les citoyens et 4 pour les élus donne de la solidité à votre étude. La partie sur la communication est aussi très originale, imparable. Bravo. Je recommande juste de continuer encore quelque temps les réunions de citoyens afin de ne pas prêter le flanc aux critiques sur la rapidité.

- C'est ce que nous avons prévu en juin François répondit Villeneuve, y compris dans un département d'outre-mer pas encore choisi

- Parfait. Le deuxième chapitre sur les recommandations est à mon sens moins robuste, à la fois sur la méthode et sur le fond. Ce qui ne m'empêche pas d'adhérer à une grande partie de vos idées.

  Un seul séminaire pour identifier les solutions, cela parait un peu court et par voie de conséquence critiquable. Mais encore une fois je trouve les propositions simples et pertinentes. La difficulté va venir de leur vente au monde politique et en premier lieu au Président. J'ai également quelques points qui m'ont étonné, la réduction du sénat à 105 par exemple, je militerais plutôt pour un sénat à 210, 2 élus par unité territoriale comme aux USA.

Villeneuve décida d'intervenir

- Nous connaissions cette faiblesse de la méthode mais nous ne pouvions pas aller plus loin seuls. Nous avons imaginé 2 voire 3 autres séminaires de réflexion, le premier avec des experts constitutionnalistes, le second avec des politiques aguerris et reconnus pour leur « indépendance » et peut être un troisième avec une brochette d'intellectuels. Nous avons besoin de Philippe et toi pour nous aider notamment à lister la douzaine de politiques à contacter.

- OK, nous allons vous aider. Vous verrez que vous risquez d'être étonnés par certaines propositions du groupe politique.

Bon, je n'ai pas à ce stade d'opinion sur votre troisième partie « planning de mise en œuvre » car il dépendra bien sur des recommandations acceptées.

Jacques, c'est très bien, tu as gagné une présentation en conseil des ministres. J'en parle au Président et on fait cela vers la mi-juin si toutefois il est d'accord.

Au fait, tu l'as vu ? demanda Bizot « mezzo voce » en se tournant vers son ministre.

Toujours pas.

CHAP 49

Mercredi 3 Juin 8h30

Je refermais tout juste mon téléphone après un point avec Corinne pour l'agenda de l'après-midi lorsqu'il sonna à nouveau :

- Tout le monde vous veut aujourd'hui plaisanta Dimitri qui nous emmenait tranquillement vers l'Elysée

- Jacques, c'est Matthew, je vous dérange ?

- Non pas du tout dépondis-je dans sa langue afin d'échapper aux indiscrétions éventuelles de mon chauffeur, j'ai encore 6 ou 7 minutes avant le conseil des Ministres

- J'ai déjà discuté ce matin avec Isabelle et elle m'a donné son accord de principe mais elle m'a demandé de vous en informer. Voilà, j'ai été contacté depuis quelques temps par différents journaux papier et numériques nationaux pour faire des papiers hebdomadaires sur vous.

Jusqu'alors, j'ai refusé car cela ne faisait que dupliquer ce que fait pour mes donneurs d'ordres américains.

Là, on me propose une sorte de feuilleton journalier sur 2 à 3 semaines sur le ministère que vous dirigez, c'est complètement différent. Il s'agit des cinq plus gros tirages de la presse régionale non parisienne qui se sont groupés et qui me proposent 15 jours à la découverte du ministère des « citoyens », une pleine page par jour. L'équipe, la méthode de travail, les rencontres dans les départements avec citoyens et élus, les séminaires, le fonctionnement du site…

Je ne parlerai pas des résultats (que je ne connais pas d'ailleurs) mais de l'ambiance, de la méthode, de l'équipe, de vous aussi.   J'aurai également des interviews de citoyens et d'élus que j'ai déjà réalisés lors de mes visites sur le terrain que j'avais gardé sous le coude compte tenu de notre accord initial. J'ai notamment un grand moment avec votre copain Ortola termina Matthew avec un grand rire.

- Vos commanditaires américains sont d'accord ?

- Je n'ai pas d'exclusivité avec eux mais je vais les prévenir. Cela les intéressera peut-être.

- OK pour moi Matthew, avec deux bémols :

Vous demandez leur accord à chacun des membres de l'équipe pour savoir s'ils souhaitent être cités,

Vous oubliez complètement l'intermède Anita à New York. Elle n'a jamais existé. Jamais.

- D'accord sur vos deux réserves Jacques. Le premier point était déjà prévu et je comprends tout à fait le deuxième.

- Cela démarre quand ?

- Lundi par un résumé de votre première conférence de presse et de notre réunion initiale à Matignon. Et bien sûr c'est en Français ! C'est aussi et surtout ce qui m'excite beaucoup dans cette commande, écrire dans la langue de Molière. Ce sera une première pour moi.

- Je confirme donc l'accord d'Isabelle. J'ai hâte de voir, de lire plutôt ! A bientôt Matthew

CHAP 50

Mercredi 3 Juin 12h45

Alex accouru à l'appel du Président. Il le trouva exceptionnellement en forme pour une sortie de conseil des ministres. Il faut dire que depuis le changement de gouvernement, semaine après semaine, les difficultés semblaient plus faciles à régler et sa cote personnelle avait repris 15 points. Alex se demanda ce qui motivait sa soudaine convocation et en conséquence il était venu les mains vides

- Bonjour Président

- Bonjour Alex.

Content de te voir, super content en fait. C'est le premier conseil des ministres depuis longtemps qui ait vu des sourires sur la plupart des visages. La France apparait enfin apaisée et nous allons peut-être pouvoir enfin repartir de l'avant.

Ne sachant pas comment relancer la conversation, Alex prudent préféra attendre la suite

- Bizot m'a dit ce matin avant le conseil que Villeneuve avait bien travaillé et qu'il souhaitait qu'il présente l'avancement de ses travaux dans un prochain conseil. Tu sais où il en est ?

- Pas précisément Président. Il est dans une logique de rencontres avec les citoyens et avec les élus locaux mais j'ai compris seulement hier, grâce à sa Dircab, qu'il a déjà transmis au Premier Ministre un premier draft. Il a toutefois imposé à toute son équipe une confidentialité totale.

- N'a-t-elle pas d'ambition ta copine ? demanda le Président malicieusement en haussant un sourcil

- Si je crois mais Villeneuve les impressionne suffisamment tous pour qu'elle ne dévoile rien, enfin, jusqu'alors.

- C'est peut-être le moment que tu fasses jouer ton charme, non ?

Le Président jouissait à l'avance de mettre son ministre sur le grill. Mais en même temps il redoutait cette rencontre car Villeneuve avait décidemment pris beaucoup de poids. Bizarrement, l'idée d'Alex de créer ce ministère avait marché et l'apaisement dans le pays et dans la classe politique étaient revenus. Bizarrement car personne ne « tapait » sur ce Ministre destiné à l'origine à cristalliser les mécontentements. Chacun attendait sans doute les résultats des consultations opérées avec une discrétion et un professionnalisme appréciés. Même l'opposition la plus systématique avait loué la méthode ! C'était à rien n'y comprendre.

Villeneuve avait tracé son sillon sans s'occuper des autres et il avait finalement passé les obstacles sans trop de dégâts. Sans trop de panache non plus, son discours à l'assemblée avait été moyen, pas de nature à se faire apprécier des parlementaires en tout cas. Sa relation avec la presse était, elle, plutôt réussie malgré son image de « riche » qui l'amenait à recevoir quelques scuds. Il faudrait le confesser et voir exactement ce qu'il avait dans le ventre.

- Essaie rapidement d'en savoir plus. Je verrai Villeneuve un de ces quatre. Enfin peut-être…

CHAP 51

Vendredi 5 Juin 7h30

A dire vrai, je ne me sens pas très bien. Pendant que je me concentre avec application sur ma respiration, Isabelle discute calmement un café à la main avec son contact de la première radio de France et avec le patron de la station qui s'est déplacé de bon matin pour l'occasion. Moi je reste pour l'instant dans mon coin, sirotant du bout des lèvres un verre d'eau, regrettant de ne pas avoir pris un calmant quelconque. J'ai accepté l'idée de cette matinale pour commencer à faire passer les messages pour l'instant réservés au Premier Ministre. Je connais évidemment parfaitement mon sujet mais le trac est là, très présent. Je ne suis pas à l'abri d'un bafouillage ou d'un lapsus. Je dois répondre à plusieurs questions dans la séquence « parler vrai » avant 8h et ensuite je vais être soumis à des questions d'auditeurs pendant 20 minutes.

L'éditorialiste vedette, Alain Bastia, vient vers moi avec ses feuilles à la main :

- Monsieur le Ministre, voulez-vous prendre maintenant connaissance des questions ? Vous aurez environ 1mn pour répondre à chacune.

Je parcoure rapidement les questions : la méthode, les résultats et la rapidité du processus. Bizot avait raison, le fait d'obtenir des résultats en deux mois interpelle les gens. Je remercie l'interviewer et lui demande de laisser tomber le « Monsieur le Ministre ». Je retourne vers la fontaine à eau pour m'isoler à nouveau. Un assistant vient vers moi pour me dire d'entrer dans le studio. Démarrage dans 3 minutes. Plus moyen de reculer !

- Et maintenant notre rendez-vous politique journalier « parler vrai » avec ce matin le Ministre des Citoyens.

Jacques Villeneuve bonjour, vous avez choisi la première radio de France ce matin pour lever le voile sur vos travaux dans ce tout nouveau ministère du gouvernement Bizot. Quelle méthode avez-vous utilisée pour mener à bien cette croisade de la bataille contre l'abstention ?

- Bonjour à tous et merci de m'accueillir ce matin Monsieur Bastia.

En fait, notre méthode a été vraiment toute simple : nous avons donné la parole aux citoyens.

Nous les avons écoutés, vraiment écoutés. Et ils avaient des choses à nous dire.

Nous avons ensuite décrypté ce qui se cachait derrière les mots.

A l'origine, notre objectif était de rencontrer dans chacun des 101 départements français une vingtaine de citoyens inscrits sur les listes électorales, citoyens votants et non-votants tirés au sort et bien sûr volontaires pour s'exprimer. Dès la troisième réunion, nous avons pu constater que leurs questions et leurs attitudes par rapport au vote étaient convergentes et très proches. Nous avons également rencontré des élus de terrain et les avons écoutés de la même façon.

- Pourquoi le tirage au sort ?

- Pourquoi pas ? Cette méthode est utilisée depuis 200 ans pour désigner les jurés d'assises et personne ne s'en plaint.

- Pouvez-vous détailler les principaux enseignements ?

Je reprends alors les quatre mots clés déjà utilisés dans la conférence de presse en utilisant les phrases les plus simples et compréhensibles possibles. J'insiste aussi sur le pourcentage d'adhésion très variable selon les élections. J'aperçois en parlant à travers la vitre du fond du studio le grand patron du groupe de presse qui s'est déplacé lui aussi et qui m'observe. Décidément, c'est « tapis rouge » aujourd'hui ! Cela remonte d'un seul coup mon niveau d'adrénaline ! Une raison supplémentaire pour ne pas « fabouiller » !

- Vous êtes donc en mesure de proposer déjà des solutions ?

- Nous commençons en effet à y voir un peu clair

- Il parait d'ailleurs qu'un premier rapport est sur le bureau du Premier Ministre. N'avez-vous pas l'impression d'aller un peu vite en besogne ?

- J'espère que vous n'êtes pas étonné que le Premier Ministre soit au courant de nos travaux tout de même ? dis-je en regardant bien droit mon interlocuteur dans les yeux et en attendant ostensiblement une réponse.

- Non bien sûr répond-il très vite après un court silence, la radio luttant toujours contre les blancs dans les échanges.

- Pour le reste, il est trop tôt pour parler des solutions que nous avons déjà identifiées. Nous avons été vite mais le travail n'est pas terminé. Il faut améliorer encore notre diagnostic et rencontrer ensuite l'ensemble des parties prenantes et bien évidemment les élus du parlement.

- Quand même, deux mois, c'est très court mesuré à l'aune des élections successives depuis plus de trente ans qui ont vu une participation électorale sans cesse décroissante

- C'est votre ressenti et je le prends comme un compliment au nom de toute mon équipe. Merci.

- Merci Jacques Villeneuve de ces éclaircissements et rendez-vous est pris dans une prochaine matinale pour échanger sur la suite de vos travaux.

L'animateur de la matinale reprend la parole et indique que d'ici dix minutes je vais répondre aux auditeurs. L'éditorialiste me fait un signe de la main m'invitant à sortir du studio.

- Super me dit-il dès la porte franchie, vous avez été très direct, très clair.

- Comment saviez-vous déjà pour le premier rapport ?

Je n'ai pas fini ma phrase que je vois Isabelle tout sourire au milieu de l'aéropage des huiles de ce groupe. Bien sûr, Isabelle... En omettant de me prévenir, elle m'a obligé à faire une réponse d'autant plus sincère et spontanée que je n'étais pas au courant. Un truc de communication. Bravo l'artiste.

- Ta réponse sur le rapport était parfaite me dit-elle comme si de rien n'était.

Je hoche la tête en souriant. Encore une case cochée dans la liste de ce que j'avais à apprendre. Je respire un grand coup avant d'aller saluer tout le monde. Je sens que le dialogue avec les auditeurs va être bon. Ce serait dommage qu'il ne le soit pas après les différents déplacements réalisés pour aller à leur rencontre et les écouter.

Le grand patron vient me saluer et me glisse incidemment que quand je le souhaite, on peut imaginer une réunion « citoyens » en direct sur sa chaine de télévision principale. Ou toute autre intervention d'ailleurs. Isabelle et moi le remercions en lui promettant d'y réfléchir.

CHAP 52

Vendredi 5 Juin 14h15

- Monsieur, votre rendez-vous est arrivé

- Qui ?

- L'officier de police Declercq du commissariat du 8ème arrondissement

- Ah oui désolé, j'avais complètement oublié. Faites-le entrer. A-t-il demandé pourquoi ce rendez-vous ?

- Non

Avant le point de la semaine avec toute l'équipe, je vais avoir un petit moment sympa. Une sucrerie !

Curieusement, il n'a pas demandé à notre assistante le pourquoi de ce rendez-vous. Je salue mon visiteur et le fais asseoir.

- M. Declercq, je tenais à vous voir personnellement pour vous remercier pour la façon avec laquelle vous aviez géré mon problème il y a quelques mois.

Il est manifestement déstabilisé par cette entrée en matière. Reproche ? Ironie ? Il ne comprend pas et semble quelque peu inquiet. Comme je n'ai pas continué, il se sent obligé de parler

- Je suis vraiment désolé me dit-il en le paraissant vraiment, désolé

- Non, non, ne le soyez pas. Je ne plaisante pas.

C'était une première pour moi, je n'étais jamais allé voir la police et vous m'avez obligé à construire un vrai dossier. Vous avez agi avec tact et retenue compte tenu du contexte pas évident. Je n'ai eu qu'à relier les points. Merci encore.

Comme je ne parle pas, il ne sait pas quoi dire et se tortille sur sa chaise. Après un moment de silence, je continue :

- Je sais maintenant qui était dans la voiture. Et pourquoi.

Nouveau silence

- Vous voulez peut-être savoir ? dis-je avec malice

- Oui bien sûr répond-il visiblement soulagé

A mon tour de marquer une pause.

- Une question préalable, vous êtes habilité au Secret Défense ?

- Euh, non

- Alors je ne peux rien vous dire !

Nous éclatons de rire tous les deux.

- En fait, si je vous ai demandé de venir, c'est uniquement pour vous remercier. Seulement ça. Vous avez très bien fait votre boulot ce qui, je le comprends maintenant, n'a pas dû être facile.

Merci

Je me lève et le raccompagne. J'ai l'impression qu'il repart plus léger qu'à son arrivée. Léger et sans doute étonné. De mon côté, je suis content d'être allé jusqu'au bout de ce dossier et de le fermer avec celui avec lequel je l'avais ouvert.

Une fois seul la porte fermée, je reviens lentement vers mon bureau tout en repensant à cet échange.

Au final, je ne suis pas sûr que ce rendez-vous ait eu beaucoup de sens. Je ne sais même plus ce que j'ai voulu démontrer. L'officier Declercq m'aura servi de jouet, de défouloir aussi. J'ai comme un mauvais goût dans la bouche. Pas terrible. Il doit se dire que j'ai pris la grosse tête, que j'ai voulu lui en remontrer et il a raison.

Il n'a pas encore quitté Matignon que je regrette déjà ma démarche. Une sucrerie idiote et sans intérêt.

CHAP 53

Jeudi 25 Juin 12h00

Villeneuve ouvrit grand les yeux lorsqu'il entra au cœur du palais du Luxembourg. Des murs qui abritent le Sénat depuis le Premier Empire mais des occupants qui ont changé de titre, de mode de désignation et d'occupation au fil des différents régimes. Il connaissait bien les jardins et la petite partie dédiée aux expositions d'art mais c'est la première fois qu'il découvrait les boiseries impressionnantes, les sols en marbre, les lustres et plafonds de toute beauté. Le Président de cette vénérable institution l'avait invité à déjeuner, sans doute pour évoquer le dossier « citoyens » pour lequel un des vice-présidents du Sénat avait participé activement dans le cadre du séminaire de réflexion dédié aux personnalités politiques. Avant le déjeuner, il lui fit faire le tour du propriétaire à titre d'apéritif en lui détaillant les faits historiques marquants de la construction.

- Mon cher Ministre des citoyens, attaqua le Président du Sénat une fois attablés dans un petit salon, que prenez-vous en apéritif ?

- Merci pour votre invitation. Je me contenterai d'un verre d'eau pour démarrer, je garde mon « potentiel alcool » pour un verre de vin et si cela ne vous gêne pas, appelez-moi Jacques, ce sera plus simple.

- OK, alors ce seront deux verres d'eau dit-il au majordome qui attendait les ordres. Vous avez raison Jacques, appelez-moi Éric, ce sera effectivement moins protocolaire. Je vois que votre passage aux Etats-Unis a laissé des traces.

- Pas uniquement les Etats Unis car dans le privé, on oublie également rapidement les titres car sinon la productivité des réunions serait très fortement diminuée lorsqu'il faut que chacun se présente.

Ils sourirent tous les deux à cette remarque. Villeneuve attendait patiemment l'attaque de son vis-à-vis car il ne doutait pas que la coopération positive de son représentant durant son séminaire ne l'ait un peu froissé. Le passage du sénat à 210 membres (Villeneuve avait pris en compte la remarque de son Premier Ministre) avait été acté à l'unanimité des participants et l'invitation trois jours plus tard du patron du Sénat ne pouvait pas être complètement étrangère à cette prise de position.

- Jacques, vous êtes un type étonnant. Je vous avais envoyé le plus conservateur de mes adjoints et vous l'avez proprement retourné comme une crêpe. Vous l'avez conquis, convaincu, il ne jure plus que par vous.

Villeneuve s'apprêtait à argumenter mais son interlocuteur lui fit signe qu'il n'avait pas fini.

- Il m'a raconté en détail votre démarche et finalement, j'ai presque regretté de ne pas y être allé moi-même. Non, c'est vraiment brillant et si après votre mandat de ministre qui est fatalement à durée déterminée vous en conviendrez, vous souhaitez occuper vos méninges, je vous engage !

Le Président du Sénat paraissait super sérieux en disant cela et Villeneuve après un étonnement légitime se fit plusieurs réflexions. D'abord qu'il avait en face de lui un redoutable négociateur car son visage n'avait exprimé aucune expression. Ensuite qu'il serait surement difficile à mettre dans sa poche. Il décida de ne pas entrer directement dans les explications.

- C'est vrai que votre adjoint s'est beaucoup investi et que globalement, les politiques présents ont adhéré au projet

- Jacques, foin de tergiversations, allons directement au but, à la conclusion.

Ils ont adhéré parce que votre projet est bon. Très bon même. Vous avez compris très vite avec vos différentes réunions d'écoute ce qui ralentissait notre belle démocratie et vos solutions sont pertinentes, y compris je vous l'avoue humblement pour le sénat.

Je suis à fond avec vous.

Villeneuve laissa le serveur disposer l'entrée sur la table, une terrine de jambon et foie gras truffée sur un lit de salade. Cela lui laissait le temps de se remettre de son angoisse précédente et de cette nouvelle inattendue.

- Pour parler franchement, redonner au sénat un rôle prépondérant de représentant des territoires est un de mes rêves inassouvis. Un rêve que je n'ai jamais pu mettre en œuvre faute d'avoir fait correctement votre diagnostic. J'en ai eu certes l'intuition mais je n'ai pas su aller plus loin. Et vous, vous débarquez de nulle part et de façon très simple vous amenez clarté et légitimité.

- Merci Éric de vos encouragements. Vous savez d'ailleurs que dans le passé, le sénat a eu pendant toute la troisième république cette mission. Cette maison a même déjà je crois porté un temps le titre de Sénat, grand conseil des communes de France. En d'autres mots, Sénat des territoires.

- Si en plus vous connaissez notre histoire alors là, vous m'épatez dit-il en reprenant un peu de terrine avec un rire complice

Villeneuve décida de repréciser sa position afin d'être bien sûr qu'ils parlaient le même langage

- Les électeurs ont du mal à comprendre le rôle du sénat et d'ailleurs, certains spontanément pour de bonnes et compréhensibles raisons d'économie souhaitent le supprimer. C'est une demande basique mais tout à fait recevable quand on ne comprend pas son utilité. Ce n'était pas une remontée majoritaire mais beaucoup l'ont évoqué.

Quand on voit par ailleurs l'urbanisation grandissante du monde moderne dans tous les pays, la « métropolisation » telle qu'elle se développe rapidement en France, la « start-upisation » des villes, rappeler qu'un pays ce n'est pas seulement ses habitants (représentés par l'assemblée nationale) mais aussi ses territoires (représentés par le sénat) me paraît essentiel. Sinon dans quelques décennies, la France risque d'être composée de 40 métropoles au milieu d'un grand désert !

- D'accord à 200%, c'est un énorme risque et le fait de proposer 2 sénateurs par département quel que soit la population donne une coloration territoriale parfaite à cette chambre. La Lozère et Paris sur un même pied d'égalité !

Nous défendrons ainsi beaucoup mieux la France d'en bas, celle des départements qui se dépeuplent, celle d'une mobilité réinventée, celle des paysans, celle de l'écologie aussi d'une certaine manière. Expliqué comme cela, vous redonnez au sénat une légitimité incontestable.

Bien sûr, avec 3 par département, nous aurions gardé à peu près le même nombre de sénateurs mais là vous faites d'une pierre 2 coups : Une logique territoriale cohérente avec le renouvellement de la moitié des sénateurs tous les 3 ans et une diminution du nombre d'élus tellement attendue des citoyens. Pour nous cela fera presque 40% en moins mais bon, c'est tellement logique après votre étude. Et puis nous compenserons la quantité par la qualité.

La suite du repas fut concentrée sur les mets et les vins et Villeneuve était sur un petit nuage de compter un allié aussi puissant et solide pour son projet. Il lui faudrait maintenant rencontrer le Président de l'Assemblée qui lui ne lui avait pas fait signe. Les rendez-vous « citoyens » et « élus de terrain » en métropole étaient maintenant terminés et son équipe irait sans lui le lundi suivant en Guyane pour vérifier que le diagnostic restait valable en outre-mer. Jérôme y était déjà pour préparer les réunions.

Le Président du Sénat le raccompagna jusqu'à sa voiture. Villeneuve le remercia chaleureusement de son soutien.

- Au-delà de votre projet actuel, n'oubliez pas ma proposition, ce n'était pas juste un compliment. Nous avons besoin de leaders comme vous dans le domaine public et j'ai déjà des idées pour quelqu'un de votre profil !

CHAP 54

Lundi 29 Juin 23h45

La liaison en visio-conférence avec la Guyane avait eu du mal à s'établir et elle n'était pas excellente. Villeneuve avait demandé à Isabelle et Marion d'assister au débriefing de la journée « citoyens et élus » qui venait de se dérouler de l'autre côté de l'Atlantique. Corinne, Bernard et Jérôme leur faisaient face dans une salle de réunion de la Préfecture de Cayenne. Il était quatre heures de moins chez eux.

Après 8 départements visités pour des réunions « citoyens » et 7 autres pour des réunions « élus de terrain », la Guyane mettrait un point final à leur parcours d'écoute. Même si le nombre de citoyens d'outre-mer n'était pas très important comparé à la métropole, il était apparu important d'avoir une collectivité lointaine afin d'y détecter les similitudes et les différences. Après les deux réunions « citoyens » habituelles le matin, ils avaient exceptionnellement réuni la totalité des 22 maires du département dans l'après-midi. Une façon d'optimiser le voyage.

Tout en déroulant une courte présentation, Bernard pris la parole.

- Deux sentiments dominent après ces réunions.

Tout d'abord en majeur, la relation des citoyens vis-à-vis de leurs élus est globalement la même qu'en métropole. Ils apprécient leurs élus de terrain et ils ont les mêmes réserves pour les autres élections, les élections « européennes » étant pour eux le symbole de choses qu'ils font sans du tout comprendre le pourquoi du comment.

Ensuite en mineur, il y a une vraie spécificité due à l'éloignement de leur territoire. Les élections pour l'assemblée de Guyane qui remplace département et région ont évidemment du sens pour les électeurs et le Président de cette assemblée représente vraiment quelque chose à leurs yeux.

Bernard bon connaisseur de ces liaisons lointaines par satellite attendit un bon moment et une éventuelle question de son patron avant de continuer :

- Vous avez tous les détails sur la présentation envoyée par mail par Jérôme.

Ma conclusion globale est que rien ne contredit tout ce que l'on a trouvé jusqu'alors. Les points spécifiques de ce type de collectivité s'expliquent parfaitement et n'enlèvent rien à la force de notre diagnostic.

J'ajoute enfin que nous avons été super bien reçus. Il faudra les remercier car parallèlement ils ont fort à faire ici avec une situation sociale compliquée.

Villeneuve remercia chaleureusement ses trois envoyés sur ce territoire lointain.

- Profitez bien de votre journée de visite demain et bon retour. On se revoit jeudi. A+

Une heure plus tard, Villeneuve s'engouffra dans sa voiture qui l'attendait. Ils avaient pu compléter et peaufiner la présentation qu'il devrait faire (après déjà deux reports) dans un prochain conseil des ministres non encore déterminé, présentation qu'il avait laissée sur le bureau de son Premier Ministre en partant. Bizot arriverait tôt demain comme à l'habitude et il aurait son feed-back durant leur réunion hebdomadaire.

Les lumières de Paris endormie défilaient le long de la voiture. Villeneuve se mit à penser que cela faisait presque trois mois, (3 mois moins 1 jour très précisément car il était près de 2h du matin) qu'il avait reçu le coup de téléphone qui l'avait plongé dans cette aventure inattendue. Il n'avait aucune idée de la suite mais ces trois mois sur un rythme effréné étaient passés si vite, trop vite.

Et toujours pas de rendez-vous personnel avec le Président...

CHAP 55

Vendredi 5 Juillet 12h15

Villeneuve et Corinne se calèrent confortablement dans le fond du restaurant. Dimitri avait été particulièrement habile pour éviter le trafic et ils étaient un peu en avance.

- Corinne, avant que notre ami n'arrive, je te préviens que je vais un peu le titiller. Gentiment bien sûr. Ne sois donc pas surprise.

A part cela, vous avez pu faire un peu de visite en Guyane ?

- La base de Kourou le matin et la vieille ville de Cayenne dans l'après-midi. J'aurai bien aimé voir les restes du bagne mais cela aurait pris la journée et Bernard tenait absolument à voir la base...

Tiens, voilà notre invité.

Corinne se leva et s'avança au-devant d'Alex. Costume strict gris anthracite sur une chemise blanche ouverte. Des baskets blanches aussi. Grand et mince, un peu dégarni. Une bonne quarantaine. Alex observa attentivement l'endroit vaguement art déco qu'il ne connaissait pas. Il embrassa Corinne et salua le Ministre.

- Merci d'avoir répondu positivement à mon invitation démarra Villeneuve. C'est un peu loin du Château mais c'est un authentique bouchon Lyonnais qui vaut le déplacement

- C'est un plaisir pour moi Monsieur le Ministre

- Jacques, appelez-moi Jacques, on se fera moins remarquer insista Villeneuve

- D'accord Jacques

- Et merci à Corinne d'avoir organisé avec succès mon premier contact avec quelqu'un de l'Elysée. Bel exploit Corinne, bravo !

Alex ne parut pas à l'aise avec cette entrée en matière. Peut-être regrettait il déjà d'être venu ? Villeneuve pris dans sa main un gros dossier qu'il agita en parlant.

- J'espère Alex que vous allez apprécier la nourriture et la boisson mais de toute façon quelle que soit la suite du repas, vous ne serez pas venu pour rien car je vous donnerai en guise de dessert une copie de notre étude « citoyens ». Elle est terminée et validée depuis hier par le Premier Ministre. Vous pourrez en prendre connaissance et nous donner si vous le souhaitez votre retour. L'avis d'un conseiller de l'Elysée nous importe vous imaginez bien

Villeneuve s'amusait à manier l'ironie. Alex dévisagea son vis-à-vis, adressa un petit sourire à son amie Corinne et hésita un grand moment avant de répondre

- Je ne comprends pas exactement votre objectif Jacques avec cette invitation. Nous ne nous connaissons pas mais soyez sûr que je n'ai rien contre vous. J'ai cru comprendre que malheureusement notre Président n'avait pas encore pu vous recevoir mais je n'ai pas de délégation particulière de sa part pour...

- Je ne vous demande rien Alex.

- Mais sachez quand même que je ne suis pour rien dans cette situation.

- Alex, je vais vous mettre très à l'aise. Je n'attends rien d'une rencontre avec notre Président. Absolument rien.

Rappelez-vous, officiellement j'ai été nommé « sur proposition du Premier Ministre » disait clairement le communiqué de formation du gouvernement. C'est donc François Bizot qui m'a choisi.

Vous êtes d'accord, non ? ironisa à nouveau Villeneuve

- .....

- François Bizot m'a choisi aidé je crois par Philippe et Xavier qui sont les seuls que j'ai rencontrés avant ma nomination. Vous les connaissez bien sûr.

- ......

- En plus, François est un très bon patron, il nous a donné les moyens de bien travailler et notre équipe et moi sommes heureux et fiers de travailler au service de la France sous ses ordres.

Alex avait battu en retraite prudemment en choisissant le silence.

- Je suis juste un peu surpris et triste que le sujet « citoyens » n'intéresse pas plus que cela notre Président. Un sujet qui mérita en son temps la création d'un ministère pourtant ! J'aurais quand même bien aimé connaitre sa sensibilité sur le sujet avant de conclure cette première étape.

En même temps, il a beaucoup à faire, je peux tout à fait comprendre.

La patronne arriva pour la commande des plats au bon moment pour mettre un terme à cette passe d'armes initiale. Le choix du menu expédié, Alex et Corinne échangèrent ensuite quelques mots sur la Guyane qui étonnamment devenait le sujet neutre du jour ! Les trois convives se concentrèrent alors sur l'entrée très vite servie. Alex, surpris en train de saucer son assiette dû convenir que l'adresse méritait le détour.

Alex avait repris « du poil de la bête » et commençait à s'amuser avec Villeneuve. Etonné d'abord puis énervé par son ironie facile mais amusé. Décidément, il ne s'était pas trompé dans son choix. Un type coriace et malin assurément. Evidemment il ne savait pas tout sur sa nomination mais cela ne semblait pas altérer ni son énergie ni son enthousiasme

L'arrivée du plat de résistance amena un répit dans les échanges et la discussion enchaina sur la situation en Syrie qui de jour en jour devenait plus préoccupante.

- Pendant que vous continuez à manger démarra Villeneuve, je vais vous raconter une histoire.

Lorsque j'ai accompagné François Bizot à New York, un soir, je me suis fait draguer par une femme très belle.

Quand je dis très belle, c'est en dessous de ce que vous pouvez imaginer. Elle était sublime en fait. Un peu comme la Marylin de légende qui faisait fantasmer les jeunes de mon époque.

Une beauté de ce type allumant un sénior comme moi de 35 ans son ainé, même un aveugle y aurait vu un loup.

Ebloui que j'étais, j'ai failli ne rien voir et plonger. Au final, je ne l'ai pas fait.

Pour tout dire, je regrette un peu aujourd'hui mais bon, on ne se refait pas.

Personne à part mon équipe, mon épouse et certaines personnes à Matignon et à L'Elysée ne savait que j'allais là-bas. En plus, cela s'est décidé au dernier moment.

Il est clair que quelqu'un a souhaité me piéger et j'ai donc cherché à comprendre.

Pendant mes trois premiers mois de boulot, je n'ai pas eu le temps de me faire beaucoup de connaissances donc beaucoup d'ennemis. En théorie bien sûr. En dehors du Premier Ministre avec lequel j'ai beaucoup travaillé et du Ministre de l'Intérieur qui nous ouvert les portes des préfectures, je n'ai pas rencontré mes autres collègues.

J'oublie mon épouse, mon équipe et François

Cela vient donc d'ailleurs, de quelqu'un au courant de mon voyage. Et il y en avait peu.

De plus, c'est le seul moment depuis ma nomination où je n'ai pas couché chez moi et où personne de mon entourage ne m'accompagnait.

Villeneuve se fendit d'un large sourire. Il termina sa cuisse de canard confit. Alex d'un seul coup était beaucoup moins à l'aise. Il s'efforça de vider son assiette avec une concentration et une application tout à fait remarquables. Lorsque la patronne arriva pour desservir, les trois convives étaient bizarrement très silencieux.

- Vous en pensez quoi Alex ?

Un silence pesant s'installa de nouveau entre les trois. Villeneuve prit son verre. Manifestement, il appréciait et le vin et la situation.

- Ce n'est pas bien joli la politique finalement continua Villeneuve. Pour une raison que je ne comprends pas, quelqu'un me cherche des embrouilles, au minimum un moyen de pression.

Ah oui, je vois à vos mines étonnées à tous les deux que je vais trop vite à la conclusion. Je ne vous ai pas tout dit pour la dame en question

A ce moment il sorti la carte de visite d'Anita de sa poche et la montra à ses voisins :

- Cette dame n'existe pas et la société qui l'emploie si je peux m'exprimer ainsi s'agissant d'un fantôme, la société avait été créée 24h avant notre rencontre. C'est-à-dire 2 jours ouvrables après ma décision de faire ce voyage. Il faut quand même des moyens pour monter un tel truc non ? Des moyens français j'imagine.

D'une certaine façon, cela illustre aussi la différence entre les USA et la France. Aux USA, l'entourloupe serait encore en train de se monter mais elle serait indétectable. En France, la rapidité et la créativité sont au rendez-vous mais l'efficacité est discutable.

Alex avait repris des couleurs ou plutôt était moins rouge que quelques instants auparavant.

- Je ne vois pas bien pourquoi vous me racontez tout cela finit-il par dire, je n'y suis pour rien.

Alex soutint avec difficulté le regard inquisiteur de Villeneuve. Ni lui ni Corinne ne savaient quoi penser et quoi dire.

- Qu'en pensez-vous alors ? insista Villeneuve

- Je vous répète que je n'y suis pour rien

- Décidément, vous n'aimez pas les histoires originales !

Corinne qui regardait alternativement son patron et son ami ne savait pas s'il fallait intervenir. Elle repensa à temps que Villeneuve l'avait mise en garde. Son visage exprimait la plus grande perplexité.

- Vraiment désolé Corinne de peut-être gâcher cette fin de repas conclut Villeneuve qui voyait sa collaboratrice un peu perdue entre la fidélité à son patron et son amitié avec Alex.

Je pensais que cette histoire de politique-fiction vous ferait au minimum sourire tous les deux mais je me suis manifestement trompé.

Mon épouse a bien rigolé pourtant.

Cette histoire n'intéresse plus personne en fait, moi le premier. Je la ressortirai peut-être si un jour j'écris un livre sur mon expérience de Ministre. Pas sûr d'ailleurs car mon rôle n'a pas été plus glorieux que cela.

La patronne vint leur servir des cafés accompagnés de mignardises. Dimitri revint à ce moment dans le restaurant et s'installa au bar. Villeneuve se leva en indiquant qu'il allait régler l'addition.

- Voulez-vous que l'on vous dépose quelque part Alex ? demanda-t-il en revenant vers la table et en lui transmettant le rapport « citoyens ». N'oubliez pas de nous dire ce que vous pensez du contenu.

Après un stop place de la Concorde pour déposer Alex, la voiture reparti vers Matignon. Toujours en silence. Dimitri se demanda ce qu'ils avaient pu tous manger pour les rendre aussi peu loquaces.

Villeneuve retourna dans son bureau et demanda à Corinne de rester avec lui

- Je ne suis pas policier mais je ne suis pas idiot non plus. Je sais que cela ne vient pas de Bizot pour des raisons que je ne peux pas te dévoiler. Seul l'Elysée d'ailleurs peut donner l'ordre de monter une telle opération. Les trois que je connais là-bas sont le Président, Xavier et maintenant Alex. Il est forcément mouillé dans cette affaire ton ami, d'une façon ou d'une autre. Il a d'ailleurs réagi en coupable. Enfin je crois. Il était très mal quand j'ai déroulé l'histoire et sa réponse était laborieuse. Son langage corporel ne trompait pas.

- Mais pourquoi ?

- Pour me tenir peut-être. M'obliger à faire ou à dire quelque chose. C'est évidemment mal me connaitre, mais bon. Je n'en ai parlé à personne ici et je te demande d'en faire autant. Compte tenu de ta bonne relation avec lui, je ne pouvais pas te laisser en dehors

- C'est noté, je garde cela pour moi. Merci pour ta confiance.

- Tu peux ainsi comprendre que je suis devenu super méfiant depuis ce voyage. Beaucoup moins détendu aussi.

Je ne sais pas pourquoi j'ai été nommé Ministre et je ne sais pas pourquoi quelqu'un veut me manipuler. C'est flippant quand même, non ?

CHAP 56

Mardi 8 Juillet 13h00

Alex s'installa confortablement à la table de travail du Président. Les deux salades de homard favorites du locataire de l'Elysée étaient déjà servies ainsi que la bouteille habituelle de Pouilly Fumé. Alex avait préparé un condensé du travail du ministère des Citoyens sur 2 pages ainsi que ses commentaires en colorant simplement en vert, orange et rouge les dix-huit propositions faites par Villeneuve.

Il n'avait pas mis de rouge en fait, uniquement 5 oranges pour 13 verts ! Du très bon boulot qui manquait peut-être un peu de finesse politique sur certains points.

En attendant l'arrivée de son patron qui avait organisé ce déjeuner rapide pour en parler, il relu son papier et cherX quelle partie serait contestée par le Président car au total, Villeneuve n'y allait pas de main morte au niveau réforme des élections, des partis, des élus et du parlement. Avec un plan d'actions cohérent certes, mais quand même.

Alex n'avait pas prévu lui parler de son entrevue avec Villeneuve. La manip habituelle n'avait pas fonctionné et il serait temps d'en avertir le Président le moment venu.

- Désolé Alex, les Affaires Etrangères, c'est toujours un peu long avec eux ! Et cette histoire avec la gamine albanaise qui n'en finit pas. Ils ont toujours peur de leur ombre dans ce ministère ! Comment va ce bon Monsieur Villeneuve ?

- Bien Président, j'imagine que vous avez pu lire ma synthèse. Villeneuve s'est appuyé sur toutes ses « écoutes » citoyennes et élus pour nous pondre un travail solide et documenté de 60 pages. Je ne vous ai passé que la substantifique moelle.

- Mouais, il y a beaucoup de choses que nous avions déjà évoquées et imaginées au fil des années. Je suis un peu déçu. En réalité, il ne propose rien de révolutionnaire mais bon, c'est cohérent, je le reconnais.

Le Président but un peu de vin et attaqua sa salade.

- En quoi penses-tu que ce travail puisse servir mes intérêts ?

- Honnêtement, je ne trouve rien de politiquement « rupturiste » qui puisse nous aider.

Nous avions pensé et espéré qu'il serait la cible de tous et de façon tout à fait étonnante, il n'y a pas eu d'attaque particulière. Les partis et les médias l'on laissé tranquille. Il a pu suivre son programme de travail sans interruption intempestive, sans incident notable.

Il faut reconnaitre que depuis le changement de Premier Ministre, le pays s'est calmé dans une espèce de lune de miel inattendue. Un état de grâce bienvenu il faut le reconnaitre. Villeneuve à mon avis n'y est pas pour grand-chose mais il y a contribué en ne faisant pas de vague.

- J'ai vu tes couleurs. Je te trouve plutôt indulgent non ? Enfin, c'est un début. Le projet sera présenté au conseil demain. J'espère qu'il sera plus convaincant que ton résumé.

- En tout cas, il commence à être connu après la saga parue dans la presse régionale depuis 15 jours. Il tangente les 10% de notoriété ce qui est absolument exceptionnel pour quelqu'un qui n'était pas du tout connu il y a 3 mois.

- Oui, je n'ai toujours pas compris son chemin de traverse avec son journaliste « américain » mais il faut reconnaitre que c'est suffisamment nouveau et original pour intéresser les médias.

Faut dire qu'il ne leur en faut pas beaucoup pour les étonner. Dès que tu sors des sentiers battus ou que tu lâches une petite phrase inédite, ils en font des caisses. Des vrais cons ces journalistes. Cons mais indispensables.

Le Président termina son plat et mira avec attention le vin de son verre au soleil de juillet qui inondait son bureau. Il se cala dans son siège et termina son verre, l'esprit déjà ailleurs.

- Si besoin, je le verrai après sa prestation termina-t-il pas vraiment enthousiaste.

Mercredi 9 Juillet 10h15

Etonnamment, je ne suis pas du tout stressé. J'ai bien évidemment répété ma présentation hier avec mon équipe et je connais mon sujet sur le bout des ongles mais à la réflexion, mon absence de stress est tout simplement due à mon auditoire. Je n'ai pas un respect particulier pour la vingtaine de personnes assises autour de la table du conseil. Ils ne m'impressionnent pas et je n'attends rien d'eux. Je sais que le Premier Ministre est sur la même ligne de pensée que moi et le jugement que les autres porteront sur la qualité de notre travail m'indiffère. Autant j'étais impressionné lors de mon passage à la radio, autant je suis décontracté aujourd'hui.

Enfin décontracté n'est pas tout à fait le mot exact car le regard que le Président va porter sur moi ne m'est pas aussi indifférent que cela.

Le secrétaire du gouvernement me passe la parole et je lance ma présentation sur les six grands écrans disposés autour de la salle avec une carte de France où sont indiqués nos lieux de rencontre des citoyens et des élus. Marion m'a préparé des infographies d'une qualité étonnante. Elle est douée cette petite car elle a une compréhension immédiate des choses à mettre en avant. Un talent brut que ces trois mois auront commencé à polir.

- La règle du jeu est que vous pouvez intervenir à chaque instant. Baignant depuis trois mois dans mon sujet, je peux parfois prendre des raccourcis. N'hésitez pas à m'interrompre.

J'explique ensuite en détail la méthode employée. Le choix des départements, la sélection des citoyens, le recueil des verbatim, l'analyse de la communication, les apports sur internet, les séminaires de réflexion pour identifier des solutions…Les premières questions arrivent :

- Pourquoi la Guyane ? demande le ministre de l'éducation nationale

- En plus des 15 départements de la métropole (8 pour les citoyens et 7 pour les élus locaux), je souhaitais absolument l'éclairage d'un département d'outre-mer. Saint Pierre et Miquelon n'est pas représentatif du fait de sa faible population et Mayotte m'a été déconseillé par mon collègue de l'Intérieur. Nous avons donc tiré au sort entre les 4 départements restants.

- Pourquoi 20 citoyens ? demandèrent en même temps deux autres

- Lorsque l'on fait une étude qualitative de cet ordre, Il faut avoir entre 15 à 20 personnes concernées. C'est une démarche communément utilisée par les Marques pour échanger sur des concepts, des produits, des publicités. Moins et l'on a le risque d'avoir une personnalité qui écrase les autres, plus et ce n'est plus un échange mais une conférence. J'ai vu dans le passé des expériences avec des amphis de 100 à 200 personnes. Les quelques interlocuteurs qui parlaient avaient été préparés. Très peu d'échanges spontanés. Cela devient du spectacle.

Ici, j'étais seul autour de la table avec les citoyens ou les élus, uniquement pour leur donner la parole et quand il le fallait, calmer et recentrer les débats. Mon équipe relevait les verbatim le dos tourné à l'auditoire pour garantir leur anonymat. J'ai imposé un temps de parole pour tous sans exception et chacun devait dire au minimum trois choses, sur les élus d'abord et sur les élections ensuite. Pas de téléphone, pas de photos, pas d'enregistrement.

- Il y avait des votants et des non votants ?

- C'est une bonne question. Au tout début, mon idée était de ne faire parler que des non votant mais nous nous sommes aperçus en regardant les listes d'émargement que selon les scrutins, ce ne sont pas toujours les mêmes qui votent ou qui s'abstiennent. Nous avons donc fait sauter ce critère pour ne garder que le genre, l'âge, la répartition par bureau de vote et une pratique complète du français – essentiel de s'assurer que les gens parlent et comprennent bien notre langue –.

Après sélection sur la liste de la circonscription choisie, tirage au sort puis appel téléphonique pour s'assurer qu'ils seraient volontaires. Il y a eu quelques absents de dernière minute et à l'inverse une seule fois quelqu'un qui ne devait pas venir qui s'est ravisé au dernier moment. Au total entre 18 et 21 participants.

Tous les ministres avaient reçu la veille le document complet envoyé par François Bizot et je pus constater que beaucoup l'avaient lu. J'enchainais ensuite sur le diagnostic et sur les séminaires qui avaient conduits aux recommandations.

- A aucun moment il n'est question de couleur politique demanda le ministre de l'Intérieur

- Non car je ne crois pas que cela soit un critère pertinent sur le long terme. Depuis trente ans l'abstention grimpe quel que soit le parti au pouvoir.

De plus, si j'avais dû inclure ce critère, très honnêtement, je n'aurais pas su faire. Entre ce que les gens déclarent à l'instant t et ce qu'ils votent (ou pas) à l'instant t+1, il y a parfois un monde. Mais cela pourra être un élément à prendre en compte si l'on veut mesurer par sondage l'acceptabilité des changements proposés, cette fois ci sur des échantillons de 1000 à 2000 personnes pour faire du quantitatif.

- Pourquoi quatre séminaires avec des personnalités aussi diverses ? continua le ministre de l'Intérieur

- Déjà pour avoir cette diversité d'opinions, c'était essentiel. Je voulais être certain aussi d'obtenir une démarche consensuelle et légalement verrouillée. Entre mon équipe élargie, des spécialistes du droit constitutionnel et des politiques de tous bords, il y a eu une belle convergence. La ministre de la Culture ici présente m'a d'ailleurs fait l'honneur de participer.

Le seul groupe qui aura été difficile à manager est celui des « intellectuels ». Beaucoup trop d'égos autour d'une même table. Au début, ils voulaient m'entrainer sur une 6ème voire une nouvelle république. J'ai réussi à les faire « accoucher » à peu près des mêmes propositions mais je peux vous assurer que j'ai bien dormi ensuite.

Une majorité de francs sourires répondirent à ma dernière phrase. Le Président n'avait pas encore ouvert la bouche. La dernière page tournée, je regardais le Premier Ministre qui me fit un discret clin d'œil pour marquer sa complicité.

- C'est quoi la suite Jacques ? demanda-t-il

- Nous avons préparé un plan d'action sur 18 mois qu'il me faut maintenant discuter et amender avec toutes les parties prenantes. J'ai déjà débordé largement aujourd'hui mais je pense pouvoir présenter ce plan à la rentrée, amélioré qu'il sera alors de mes contacts à venir.

La plupart des ministres hochaient la tête en signe d'assentiment. Le Président sortit enfin du fond de son siège et mis les mains sur la table.

- Je reste à votre disposition pour toute question et merci de votre attention

Le Président était resté muet depuis le début et il sentit que tout le monde attendait qu'il prenne la parole, qu'il dise au moins un mot.

- Pour moi, il y a un défaut fondamental et peut être rédhibitoire : la France n'est pas une Marque et les élus ne sont pas des produits. On ne gouverne pas un pays comme on dirige une société.

Je pris ce commentaire négatif comme une gifle et ne pus me retenir de réagir immédiatement :

- Alors pourquoi faire des sondages et des études d'opinion à peu près toutes les semaines pour connaitre l'avis de vos citoyens électeurs ? La France est une marque, une belle marque d'ailleurs, que vous le vouliez ou non. Et vous le savez très bien.

Est-ce que quelque chose rapporté par les citoyens est choquant ou faux ? Non. Est-ce que les propositions que vous avez entre les mains ont du sens ? Tous ceux qui ont travaillé sur le sujet l'attestent.

- Proposer des changements après avoir écouté 180 personnes, c'est n'importe quoi ! Tirés au sort en plus ! C'est de la politique fiction.

- Ma mission était d'apporter des éléments de réponse à la montée de l'abstention. Vous les avez.

- Tout cela est trop simple pour être vrai insista le Président

- Permettez-moi de vous répondre avec une citation de Paul Valery Monsieur le Président : « Tout ce qui est simple est faux, tout ce qui ne l'est pas est inutilisable »

- .....

- Maintenant, c'est vous le patron, c'est vous qui décidez.

Le Président resta un moment bloqué dans un silence pesant.

- Il faut absolument revoir l'approche du problème dit-il en s'adressant uniquement à son Premier Ministre.

L'ambiance était définitivement plombée et le secrétaire attendit un moment pour voir s'il y aurait une nouvelle salve d'un côté ou de l'autre. Il y avait sans doute des années voire des décennies qu'un ministre avait d'une façon ou d'une autre tenu tête au Président dans ce type de réunion. Je m'étais rassis et je ne sais pas pourquoi mais je pensais immédiatement avec un certain amusement à la difficulté à venir pour le porte-parole du gouvernement pour synthétiser le sujet, sujet dument inscrit à l'ordre du jour officiel communiqué à la presse et qui nécessiterait au moins une phrase pour les journalistes. Un bel exercice de langue de bois en perspective.

Ma deuxième pensée fut pour Alex qui avait dit la veille à Corinne que l'on avait fait un super boulot. Soit c'était un faux-cul de première, soit il n'avait plus l'écoute de son Président.

Le secrétaire annonça le sujet suivant.

Mercredi 9 Juillet 15h15

Lorsque Fabien poussa la porte de la salle de réunion, légèrement en retard comme souvent, ils furent au complet. Villeneuve lui avait un peu forcé la main au téléphone mais il voulait absolument avoir l'ensemble de sa garde rapprochée pour ce feed-back de la présentation au conseil des ministres. Une réunion spécifique en tête à tête avec le Premier Ministre était d'ailleurs programmée pour la fin d'après-midi.

Villeneuve leur relata les questions posées et surtout l'échange final avec le Président.

- C'est incroyable son commentaire démarra Corinne, j'ai encore eu Alex au téléphone hier soir et il nous a félicités en indiquant que quelques points mineurs seraient sans doute challengés.

- Ce ne serait pas la première fois que ce Président irait à l'encontre de l'avis de ses conseillers répondit Villeneuve qui avait eu le temps de se calmer depuis le matin.

Je souhaite que nous répondions à deux questions enchaina-il : 1. Qu'est-ce que nous avons mal fait ? 2. Que fait-on maintenant ?

Allez, question 1 ?

Villeneuve regarda ses six « grognards » aux profils si différents mais si complémentaires. Fabien sans surprise pris la parole en premier

- Tu as sans doute été trop vite Jacques. Tu as raisonné (et nous aussi) avec les réflexes du monde réel. La méthode était là, pertinente, adaptée au problème. Elle a bien fonctionné. Tu es maintenant confronté à l'ancien monde si j'ose dire. Le Président représente de façon caricaturale cet ancien monde. La seule aspérité qu'il a revendiquée au moment de l'élection a été d'être un président normal. La belle affaire ! Chacun aurait préféré un président compétent et moderne.

Villeneuve se tourna vers les autres sans réagir à ce premier avis

- L'argument des 180 citoyens est absolument bidon. Nous aurions rencontré le double ou dix fois plus de monde que cela n'aurait rien changé. Je maintiens que la méthode est adaptée au problème affirma Bernard. De plus des politiques de tous bords (Ortola et la ministre de la culture tous deux à gauche et les sénateurs de droite) sont déjà d'accord. Peut-être comme le pointe Fabien aurait-il fallu plus de lobbying pour vendre le truc ? Et encore ?

- J'entends votre argument mais à date, seul le Président s'est opposé. Il est vrai toutefois que n'ayant pas pu le voir, je n'ai pas pu comprendre sa sensibilité

- Est-ce toi ou le travail le problème ? questionna Isabelle.

Il a démontré depuis 3 mois qu'il ne voulait pas te voir et nous ne savons toujours pas pourquoi il t'a choisi. Peut-être attendait-il autre chose tout simplement ? Un travail très lent ou carrément un échec ?

- Je crois à l'argument du monde réel et moderne qui vient bouleverser les certitudes du Président. J'ai calculé notre moyenne d'âge autour de la table, 44 ans avec une amplitude sur plus de 2 générations. Nous représentons la France d'aujourd'hui avec ce que cela comporte en terme d'éducation et d'ouverture au monde, ajouta Marion qui n'avait jusqu'alors affirmé une opinion aussi tranchée.

- Je reviens sur l'argument d'Isabelle enchaina Corinne. Depuis le début le Président a un problème avec toi, problème qui n'a jamais été diagnostiqué. Les résultats de l'étude l'emmènent beaucoup plus loin qu'il n'avait sans doute jamais imaginé et comme il ne te fait pas confiance, il refuse l'obstacle.

Villeneuve décida alors de résumer :

1. L'étude réalisée est solide et pertinente

2. Le Président symbole d'un ancien monde refuse le monde réel et moderne que l'étude (et nous) incarnons

3. Je suis probablement une partie du problème

Tous se regardèrent et opinèrent. Comme d'habitude, Villeneuve avait le don de résumer clairement les choses.

- Allez, avant que Fabien ne reparte, question n°2, que fait-on maintenant ?

- Rencontrer le Président en tête à tête hasarda Jérôme qui n'avait encore rien dit ?

- Compléter l'étude même si cela n'est pas nécessaire continua Corinne

- Je vais utiliser une de tes maximes habituelles Jacques : « se soumettre ou se démettre » dit Bernard. Soit on repart pour un tour avec effectivement les rendez-vous qui vont bien et une extension de l'étude, soit tu démissionnes et l'aventure s'arrête là.

- Mais les propositions sont géniales s'insurgea Marion, il faut persévérer et gagner ! C'est la France de demain que l'on construit !

- D'accord avec Bernard insista Fabien, si tu restes, il faudra jouer le jeu du Président, jeu en partie inconnu à l'heure qu'il est

- Merci à tous. C'est clair. J'avais fait un serment en acceptant le job : apprendre et m'amuser. Je vais donc voir le Premier Ministre tout à l'heure et tenter d'imaginer la suite. Je vous tiens au courant.

CHAP 59

Le Premier Ministre se leva de sa table lorsque je pénétrais dans son bureau. Il se dirigea vers la porte fenêtre grande ouverte sur le jardin et attendit que je le rejoigne.

- Bienvenue dans le marigot politique ! Jacques. J'espère que tu as digéré la passe d'armes de ce matin

- Pas vraiment répondis-je. Je n'ai pas tout compris et je compte sur toi pour m'expliquer

François Bizot s'engagea dans une allée superbement fleurie comme s'il voulait échapper aux contraintes de sa vie de tous les jours.

- Le Président a déconné la semaine passée avec une histoire de jeune immigrante illégale pour laquelle il s'est personnellement impliqué. Il perd 6 points en une semaine quand j'en gagne 3 ! Il en veut à la terre entière.

- Peu de rapport avec mon étude tu admettras.

- Oui et non. C'est un instinctif. Irrationnel au possible. Méchant aussi. Il est blessé et ne veut entendre rien de ce qu'il ne comprend et surtout ne maitrise pas. Il n'est pas bien et il faut que tous ne soient pas bien aussi.

Il est également capable demain de t'appeler pour te féliciter.

- Comment fais-tu à part l'étendre virtuellement sur ton divan pour mieux le comprendre ?

- C'est mon quotidien et j'avoue que depuis trois mois je prends mon mal en patience, j'attends souvent avant de resservir les mêmes plats et au final, je passe beaucoup de choses. Il finit par accepter. Je ne l'attaque jamais de front car il n'aime pas les affrontements. C'est le roi de l'évitement. C'était son titre officieux lorsqu'il était chef de parti.

- Il a été servi ce matin.

- Oui, il était très mécontent après le conseil et me l'a fait savoir. « A la prochaine incartade, tu le vires » m'a-t-il formellement demandé.

- Faut-il que je le rencontre ? Ou tout du moins que je lui propose de venir le voir ?

- Honnêtement, je n'en sais rien. Il est tellement imprévisible.

Le pire, c'est que je ne suis pas certain qu'il ait un égo démesuré. Il est juste câblé avec un logiciel hérité de ses trente ans de militant politique prudent et méfiant. Un logiciel certainement un peu rétrograde.

- Oui c'est ce que m'ont dit mes troupes. Le télescopage du monde réel et moderne avec l'ancien monde.

- C'est assez bien analysé.

Nous revînmes vers le bureau

- Jacques, je ne vais peut-être pas t'aider beaucoup mais mon conseil est de faire ce qui te semble juste.

Tu m'as habitué à tracer ta route avec discernement. Je n'ai pas de conseil particulier. Je suis certain que tu vas trouver la bonne solution.

Beaucoup plus tard le même jour,

- Il t'a bien aidé Bizot avec son conseil ! s'exclama ironiquement Michèle lorsque je lui racontais comme très souvent les péripéties de ma journée

- Peut-être plus que tu ne crois répondis je.

CHAP 60

Lundi 14 Juillet 10h30

Villeneuve remonta le col de son imperméable. Cette présidence avait démarré sous le signe de la pluie et ce matin, sans surprise, la météo avait prévu des ondées résiduelles suite aux violents orages de la nuit. Ce serait donc un défilé mouillé. Il regarda ses collègues apparemment aussi heureux et motivés que lui d'assister au défilé des militaires. Le Premier Ministre les avait tous salués comme il l'avait fait pour tous les officiels présents sur cette estrade. Avec son énergie et son entrain habituels.

Villeneuve se demanda ce qu'il faisait là. Il avait laissé sa famille réunie en bord de mer comme tous les ans à cette époque. Parti de Paris dès le lendemain du dernier conseil des ministres, les longues balades sur la plage ne lui avaient pas encore apporté de réponse à la question du moment : se soumettre ou se démettre. D'un côté, son sens du devoir lui dictait de persévérer quitte à assouplir pour un temps son attitude et ses convictions. De l'autre, il n'avait toujours pas digéré l'injustice patente et la froideur du Président à son encontre.

Dès le jeudi matin, Isabelle avait usé de sa relation privilégiée avec le grand groupe de presse qui lui avait déjà ouvert les ondes de sa radio. Elle l'avait appelé durant le week-end pour l'assurer que toute l'équipe était derrière lui pour se battre et que puisque l'on ne pouvait pas passer par la porte « institutionnelle » à ce moment, il fallait user des médias pour passer par la fenêtre. Elle lui avait organisé un passage au 20h demain soir où il pourrait commencer à dévoiler le contenu des propositions, cette fois devant plusieurs millions de téléspectateurs. Matthew maintenant lié avec la presse régionale et ayant fait un véritable tabac avec son feuilleton allait leur proposer de continuer cette fois avec le contenu. 18 propositions en 18 jours ! La guerre médiatique serait impitoyable !

Villeneuve avait été ému et en avait retrouvé une énergie nouvelle. Energie qui commençait à se dissoudre devant le spectacle de tout cet ancien monde en train de faire des courbettes devant le Président et qui pourtant par derrière ne loupait pas une occasion de le critiquer.

Ayant navigué pendant 40 ans dans un énorme et complexe groupe international, il avait bien sûr connu des situations comparables fait de petites bassesses et de compromissions. La différence était que des situations de ce genre étaient plutôt rares et qu'une fois identifiées, elles ne duraient pas longtemps car les contre-pouvoirs étaient bien organisés. Pour la France, la punition durerait au minimum cinq ans cette fois encore.

Villeneuve ouvrit son téléphone personnel et envoya un sms groupé à ses troupes pour les inviter à un déjeuner commun le lendemain. Histoire de régler tous les détails de cette nouvelle phase de leur aventure. Il demanda aussi à Corinne de demander un rendez-vous rapide au Président, et par la voie officielle et via Alex. Le plus tôt serait le mieux.

Il retrouva enfin toute son énergie et son sourire lorsqu'il vit passer les légionnaires et leur célèbre pas. Il y avait un détachement de la légion étrangère dans la caserne où il avait fait son service militaire. La commémoration annuelle de la bataille de Camerone raisonnait encore dans sa tête et dans son cœur comme si c'était hier. La poignée de légionnaires plutôt habitués des bars environnants retrouvait alors fierté, sérieux et dignité avec leur devise d'alors : servir le Pays, quelles que soient les circonstances.

CHAP 61

Mardi 15 Juillet 17h45

Villeneuve se présenta au secrétariat de François Bizot avec sa tête des mauvais jours. Il n'avait qu'une seule feuille à la main.

- Je peux voir François 5 minutes ? demanda-t-il au secrétaire qu'il connaissait bien. Villeneuve le soupçonnait d'être gay encore qu'il n'avait jamais été très doué pour les identifier. Il l'avait « à la bonne » depuis son arrivée, c'était ça le plus important.

- Ça va être dur car il a encore trois rendez-vous ce soir et celui en cours s'éternise répondit ce dernier. 5mn pas plus avant le prochain alors ?

- Merci, j'attends

Villeneuve envoya un sms sur le téléphone perso de Bizot – besoin de te voir 5mn, urgent – La réponse ne tarda pas car la porte du bureau s'ouvrit sur un visiteur qui s'éclipsa rapidement.

- Entre Jacques

- Bonjour François, je n'ai pas une bonne nouvelle

- ….

- Je vais démissionner.

- Qu'est-ce que c'est que ce cirque ? interrogea le Premier Ministre qui se leva brusquement et fonça à la porte – reporte moi tous mes rendez-vous de ce soir – demanda-t-il au secrétaire. Ce dernier lui fit valoir que l'un d'eux venait d'Italie exprès pour le voir

– OK tu le gardes au frais mais tu m'annules les deux autres.

Villeneuve avait rarement vu Bizot sous pression comme cela, peut-être seulement la fois où il avait découvert l'accompagnement et les interviews de Matthew en anglais.

- Raconte

Villeneuve lui fit lire l'échange de mail avec la Présidence qu'il avait apporté. Fin de non-recevoir pour un entretien avec le Président, « je le verrai quand il aura un peu plus travaillé » précisait le Dircab du château en citant son patron.

- Fait chier, Merde !

Bizot et Villeneuve s'assirent. Bizot regarda fixement son ministre avant de continuer.

- Qu'est-ce que tu proposes ?

- Rien d'autre que ce que je t'ai dit François. Tu n'es pas en cause. Le lien est rompu et je ne peux pas continuer. J'ai pourtant encore fait une réunion ce midi avec toute l'équipe pour imaginer plusieurs pistes et nous avions trouvé un scénario. Qui me plaisait à moitié mais qui permettait je crois d'aller jusqu'au bout. J'ai même encore un passage au 20h ce soir de programmé.

- Tu veux que je l'appelle ?

- Laisse tomber François, il n'en vaut pas la peine

- Mais la France en vaut la peine !

- Oui mais la France l'a élu. C'est trop facile de tout pardonner pour le bien public. Ou tout du moins, pour ce que l'on en pense.

Il n'a pas compris le fond du problème avec les citoyens, rien compris. C'est pour cela qu'il ne comprend pas mes propositions et si je ne l'ai pas convaincu en conseil, cela ne marchera pas mieux en tête à tête.

S'il suffisait de me mettre à genoux, je pourrais éventuellement le faire. Mais là c'est beaucoup plus profond. Une espèce de syndrome pharaonique.

Tu te souviens de ta réflexion lors de notre voyage à New York : je ne veux rien devoir à son copain ambassadeur. Là c'est pareil, je ne veux rien lui devoir, rien lui demander.

Un grand silence s'installa entre les deux hommes. Ils n'étaient pas devenus amis au sens où leurs vies privées ne s'étaient jamais croisées mais ils avaient accumulé un énorme capital d'estime et de respect mutuel dans le travail. Ils se comprenaient à demi-mot et Villeneuve sentait que Bizot était en phase avec lui. Sentait et savait.

- C'est quoi la suite demanda Bizot machinalement

- Tu as notre rapport et tu sauras quoi en faire j'imagine.

Je te demande juste de faire attention à mon équipe. Isabelle et Bernard vont démissionner comme moi, Fabien va retourner à plein temps à son business, Corinne et Jérôme sont fonctionnaires donc pas de soucis. Ils sont d'ailleurs bons tous les deux. Travailleurs, solides et résilients lorsque tu leur donnes des responsabilités.

Ma seule demande concerne ma petite Marion. C'est son premier job et je te conseille de la garder. Elle nage comme un poisson dans les réseaux sociaux et elle peut t'être utile.

- OK Jacques, je le ferai dit-il en prenant une note

- Merci François. Tu auras ma lettre de démission sur ton bureau demain matin et bien sûr je ne participerai pas au conseil des ministres

Ils se regardèrent. Le sujet était momentanément épuisé. Bizot se leva, contourna le bureau et pris la main que lui tendait Villeneuve.

CHAP 62

Mardi 15 Juillet 20h05

- Cette célébration du 14 juillet nous rappelle bien à propos les toutes premières heures où les français sont devenus « citoyens ». Quelle chance d'avoir avec nous ce soir le ministre des Citoyens ! Merci d'avoir accepté de répondre à mes questions. Jacques Villeneuve bonsoir !

- Bonsoir.

- Où en êtes-vous de votre mission exactement au moment où nous nous parlons ?

Villeneuve déroula rapidement les informations qu'il avait déjà données çà et là et annonça avoir déposé sur le bureau du Premier Ministre « les 18 propositions pour une démocratie plus moderne » sans entrer dans le détail de leur contenu

- Pouvez-vous nous donner un exemple précis ?

- Je suis vraiment désolé mais je ne peux pas donner un exemple sans dévoiler la vision d'ensemble et pour l'instant il y a encore évaluation et discussions.

- Nos reporters sont allés au-devant de plusieurs personnes qui ont travaillé avec vous, nous les écoutons :

Suivi l'interview de trois personnes, une citoyenne anonyme, un élu du Finistère et l'incontournable député Ortola. Tous louaient avec beaucoup d'application les talents et la qualité d'écoute du ministre. Villeneuve eut un petit sourire en voyant les images. Dommage. Trop tard !

- Comme vous le voyez, vous avez suscité beaucoup d'enthousiasme et d'attente.

- J'espère sincèrement ne pas les décevoir la coupa Villeneuve. Mais j'ai décidé de démissionner aujourd'hui de mon poste de ministre.

- Officiellement ?

- Oui, j'ai prévenu mon Premier Ministre il y a 1h.

L'intervieweuse était manifestement surprise. Surprise et paniquée car dans l'oreillette le chef de la rédaction devait hurler : demande lui pourquoi, on s'en fout de dépasser. Vas y ! Continue !

- Vous avez aussi prévenu le Président.

- Non mais je pense qu'il est au courant maintenant.

- Certains ne sont donc pas d'accord avec votre vision, avec le rapport que vous avez déposé ?

- Les conditions ne sont plus réunies pour que nous puissions travailler mon équipe et moi avec efficacité et sérénité.

Je vous renvoie à mon premier point de presse sur les conditions de succès.

Les priorités du gouvernement me semblent avoir changé. Donc, je m'en vais.

- Vous espérez que votre démission va mettre la pression sur l'exécutif ? Vous savez qui va reprendre le flambeau ?

- Je n'espère et ne pense rien de plus que ce que je vous ai dit.

J'ajoute que je souhaite remercier chaleureusement tous ceux que j'ai rencontrés durant cette période, citoyens, élus, médias et tous les autres, avec une mention toute particulière pour mon équipe qui en 3 mois et demi a abattu un travail extraordinaire. Je n'oublie pas non plus dans mes remerciements le Premier Ministre François Bizot pour lequel j'ai beaucoup de respect et d'estime.

J'ai beaucoup apprécié cette parenthèse dans ma vie et j'espère sincèrement que le travail effectué sera suivi de résultats.

- Vous en doutez ?

- Je ne sais pas. Je m'efforcerai comme citoyen de base de participer à mon niveau à l'évolution de notre démocratie.

- Vous allez donc rester en politique ?

- Non, comme je l'ai dit, je redeviens citoyen, simplement.

- Vous ne pouvez pas nous en dire plus sur les raisons de votre départ ?

- Non, je vous ai tout dit.

- Merci beaucoup Jacques Villeneuve.

- Merci à vous.

CHAP 63

Lundi 3 Novembre 10h05

Villeneuve était dans son bureau à préparer leur futur voyage au Japon lorsque Michèle lui dit avoir entendu au flash de 10h que suite aux dernières élections encore plus calamiteuses que les précédentes, le gouvernement venait de démissionner. Il mit une chaine de télé en continu et effectivement, la sphère médiatico-politique était en ébullition. Il vit le Premier Ministre qui sortait de l'Elysée et qui répondait aux questions. Non il n'était pas candidat à sa propre succession.

Le résultat des élections était à nouveau mauvais pour le parti au pouvoir mais Villeneuve avait noté avec un brin de fierté que la participation à cette élection avait cessé de diminuer. Oh, pas beaucoup, +1,5% par rapport à la dernière du même type mais c'était un signe. Peut-être avait-il réveillé un tout petit peu l'esprit « démocratique » des électeurs. La situation du pays s'était fortement dégradée et la rentrée avait été socialement agitée. Le Président était au plus bas historique dans les sondages. L'état de grâce du printemps était un lointain souvenir.

Son départ soudain lui avait valu beaucoup de coup de fils et de mails de soutien. Il n'avait pas transmis officiellement son « office » à un nouveau ministre car c'est le Premier Ministre qui avait récupéré ses dossiers par intérim. A l'occasion d'un mini remaniement, son remplaçant fut finalement nommé mi- septembre avec une rétrogradation en secrétaire d'état auprès du ministre de L'Intérieur.

Puis, les vacances aidant, la vie repris son cours tranquille pour Villeneuve. Tout au plus eu-t-il la joie et la fierté d'être invité officiellement au Canada début octobre pour une semaine tous frais payés pour faire une série de conférences sur la citoyenneté. Une belle occasion de découvrir un pays dont il n'avait visité que les Laurentides en automne vingt ans auparavant lors de son séjour à New York.

Corinne l'avait timidement appelé début septembre pour lui donner des nouvelles. L'équipe réduite avec Jérôme et Marion continuait d'animer le site et le blog et ils attendaient un éventuel nouveau ministre. Villeneuve l'avait sentie triste et désabusée. Elle lui apprit également que son ami Alex ne faisait plus partie des conseillers de l'Elysée. Il avait été viré fin juillet. Villeneuve qui avait son portable avait noté de l'appeler mais il ne l'avait pas encore fait. Ce qu'il aurait dû faire pour peut-être comprendre le pourquoi de sa nomination. En fait, toute cette aventure était derrière lui et il ne servait plus à rien d'épiloguer à l'infini.

Le seul avec qui il restait en contact régulier était Matthew. Ce dernier l'avait accompagné au Canada et avait repris pour ce voyage sa « saga » citoyenne aux USA et dans les journaux français. Villeneuve l'avait invité un week-end à l'Ile de Ré. Journaliste avant tout, Matthew avait tenté une fois de plus de lui faire dire officiellement que son départ était lié à un désaccord avec le Président. Villeneuve était resté sur la même ligne.

Pas de critique personnelle. « Le sujet n'était plus dans les priorités » ce qui avait été confirmé après coup dans les faits par la transformation en secrétariat d'état. Personne pourtant n'était dupe dans les cercles du pouvoir.

Villeneuve éteignit la télé et envoya un sms à Bizot –Cher François, chapeau d'avoir tenu jusque-là. Amitiés. JV – Il serait bien temps de l'inviter à déjeuner lorsque la poussière serait retombée et que son agenda serait grand ouvert et vide.

CHAP 64

Villeneuve et Bizot étaient tranquilles dans un renfoncement du bistrot lyonnais qu'affectionnait Villeneuve. La conversation roulait sur leurs dernières occupations. Voyage au Japon pour Villeneuve et reprise en main en cours d'un parti du centre par Bizot. Ce dernier était de nouveau député, son suppléant ayant démissionné afin qu'il retrouve sa place au milieu de la fosse aux lions.

- J'ai vu que tu as failli devenir ministre au Canada ! plaisanta Bizot.

- Depuis quand t'intéresses-tu aux retraités ? riposta Villeneuve.

Après un grand rire partagé, tous deux dégustèrent avec application le « Côtes du Rhône » moelleux rouge de la patronne qu'elle leur avait offert en apéritif. Une découverte de Villeneuve en réalité qui lui en avait amené une bouteille quelques mois auparavant et qu'elle avait mis illico sur sa carte.

- Quels sont tes projets Jacques ? demanda Bizot

- J'ai deux livres au feu, des voyages plein la tête et une famille qui grandit tranquillement. Et toi ?

- Les présidentielles sont dans 1 an et 5 mois et je suis en train de préparer des bataillons au cas où.

Les échanges continuèrent tranquillement sur le jazz, passion de Bizot (il n'était toujours pas retourné à New York au grand désespoir de sa femme)

- Tu m'as appelé la veille de mon départ au Japon mais j'étais dans les bagages…. Tu avais sans doute une question précise ? demanda Villeneuve une fois le plat terminé.

- Un projet en fait oui.

Bon, je me lance.

La présidentielle est dans 17 mois exactement et je vais dans quelques jours présider le parti des centristes, 5ème de France par ses élus. Je suis en passe de lui trouver un nouveau nom et mon programme est finalisé à 95%.

- Tu n'as pas l'intention de m'embarquer en politique quand même ? s'étonna Villeneuve

- Oui et non. Je m'explique.

Malgré ma démission et les attaques discrètes que je mène contre le Président actuel, les français veulent tellement le dégager et dégager tous ceux qui ont été au pouvoir que je crains qu'il ne m'entraine avec lui si je me présente. Je préfère attendre la fois suivante.

Mais je suis prêt à me mettre à ton service pour que toi tu y ailles.

Villeneuve n'eut pas besoin de feindre l'étonnement. Bizot agita immédiatement les bras afin de le calmer

- Laisse-moi aller au bout.

Que tu le veuilles ou non, tu as laissé une super trace. Tu es encore cité par 7% des électeurs en ayant totalement disparu des radars. Il y a des responsables de partis qui seraient heureux d'avoir une telle base sans rien faire. Tu as aussi réussi l'exploit de mettre dans ta poche des gens de gauche et de droite.

Toi Président, moi Premier Ministre.

Tu sais que j'ai l'énergie, l'envie et j'espère la talent de faire des choses. Tu as le recul et le respect du sage qui a su écouter et comprendre. Insensiblement, tes 18 propositions font du chemin et il n'est pas interdit de penser qu'un tiers d'entre elles seront opérationnelles avant la fin du quinquennat. Le Président t'a critiqué mais maintenant, trop tard bien sûr, il en met une partie en œuvre.

Enfin et ce n'est pas rien, tu parles couramment anglais (une première pour un président depuis des décennies) et tu as une belle image en Amérique du Nord.

J'apporte le soutien d'un parti et la moitié du financement. Je suis sûr que derrière ton nom les entreprises seront là. On fait un ticket à l'américaine.

Bizot s'accorda une pose en prenant un peu d'eau

- J'oubliais le plus important : nous nous connaissons et avons très bien fonctionné ensemble et tu dois admettre que sur ton projet tu as été plus le patron que moi ! Cela ne me dérangera en aucune façon d'être ton Premier Ministre, tu le sais.

Villeneuve s'attendait à tout sauf à cette proposition. Il regarda un grand moment son vis-à-vis avant de répondre.

- François, n'importe qui m'aurait raconté cette histoire, je lui aurais ri au nez. Tu sais que je n'ai plus envie de replonger dans les petits calculs de cour de récré de la politique actuelle.

- C'est pour cela que je te propose d'en créer une autre, de politique !

- Je te respecte infiniment et ton analyse au premier abord tient la route.

Je suis surpris, flatté bien sûr et dans la merde ! Je ne sais pas quoi dire.

Quand veux-tu une réponse ?

- Hier !

- Non, sérieux

- Le plus tôt sera le mieux

- Tu me laisses jusqu'à Dimanche soir et il n'est pas impossible que je te rappelle d'ici là pour telle ou telle précision

- OK, dimanche je mets le « champ » au frais et je campe à côté du téléphone !

Villeneuve demanda la note

- C'est moi qui paie Jacques

- Pas question, tu es sur mon territoire et il faut bien que je dépense ce que m'ont donné les canadiens !

- C'est vrai que tu as été un vrai cumulard avec ton salaire de ministre ajouté à ta retraite confortable ironisa Bizot en parodiant un certain journaliste

- En fait j'ai donné mes 3,5 mois de salaire net d'impôts à une œuvre caritative en décembre.

- Chapeau, je n'étais pas au courant. Tu savais que tu le ferais quand ce journaliste t'a agressé sur le sujet ?

- Oui bien sûr

- Pourquoi ne l'as-tu pas renvoyé dans les cordes ?

- Parce qu'il ne le méritait pas.

- Tu permettras quand même que je le fasse savoir discrètement. C'est peut-être le % de voix en plus qui fera la différence.

-   François, c'est plus fort que toi, je n'ai pas encore dit
    oui.

CHAP 65

Mardi 17 Février 15h

Après une chaleureuse accolade, Villeneuve descendit dans le métro pour faire la douzaine de stations qui le ramèneraient chez lui. Il montât dans la voiture de tête et grâce au faible nombre de passagers à cette heure creuse, il put se mettre contre la porte-fenêtre qui donne sur le poste de conduite. Fenêtre opaque aux regards mais fenêtre qui permet toutefois de voir au travers lorsque l'on se colle tout contre.

Il se rappela les 13 ans du petit provincial qui découvrait Paris en métro et qui se collait à cette vitre avec l'avidité d'un jeune aventurier. Il était alors complètement fasciné par ce circuit de train géant et o combien complexe dans lequel il prenait place, circuit dont il avait toujours rêvé et qu'il n'avait jamais pu avoir pour lui à Noël. Il se rappela les « Dubonnet » et autres publicités qui jalonnaient les entrées et sorties de stations à l'entrée des tunnels. Il apprécia en connaisseur les bruits terrifiants des convois entrant en station, bruits qui s'étaient atténués au fil des années et des progrès du matériel roulant sans jamais disparaitre. Il repéra avec plaisir les feux vert et rouge des cantonnements de sécurité évitant aux trains de se percuter.

Bercé par le ronronnement du métro, il rêva un moment à ces plus de 50 ans qui séparaient l'adolescent découvrant la ville et la vie du sénior qu'il était devenu. Il distinguait l'ombre chinoise du conducteur qui station après station répétait les mêmes gestes. Il reconnut brusquement la station précédent sa station d'arrivée et revint brusquement sur terre.

Il repensa alors à la proposition de Bizot.

Le train ferrailla une dernière fois en négociant le virage avant l'arrivée.

Villeneuve n'avait vraiment aucune idée de ce qu'il allait répondre à Bizot.

FIN

Ce livre a été écrit pendant l'année 2015 et il est resté dormir dans mes fichiers. L'année est importante car elle donne une toile de fond historique aux évènements politiques qui s'y sont alors passés. Mon ambition était alors très modeste : apporter de façon romanesque, légère et même joyeuse une pierre de réflexion au système politique actuel de notre pays.

Le quinquennat qui a suivi aurait pu faire la part plus belle aux citoyens et aux réformes. Il n'en a rien été et c'est ce qui m'a décidé à éditer cet ouvrage.

Pour le reste, toute ressemblance avec des personnes existantes ou ayant existé est purement fortuite. Seules l'imagination et l'inspiration de l'auteur citoyen que je suis sont en cause.

Merci à Marie Claude et à mes deux filles de m'avoir soutenu, de m'avoir lu et corrigé et de m'avoir dit que c'était vraiment très bien. J'ai même reçu la commande pour une suite...

MF

NB : Dans son acception non religieuse, un aggiornamento est une adaptation au progrès, une modernisation, une réforme.